正誤表　『ビジネス会計検定試験®対策問題集 1 級（第 2 版）』

頁	問題	位置	誤	正
72	56	選択肢 および 解説 3 行目	（選択肢） ① 労働生産性：5.7 百万円 ② 労働分配率：0.49％ ② 労働生産性：5.7 百万円 ③ 労働分配率：0.52％ ③ 労働生産性：6.1 百万円 ④ 労働分配率：0.49％ ④ 労働生産性：6.1 百万円 ⑤ 労働分配率：0.52％ ⑤ 労働生産性：6.3 百万円 労働分配率：0.49％ （解説） 当期の労働分配率は……55,500 ＝0.486…→0.49％	（選択肢） ① 労働生産性：5.7 百万円 ② 労働分配率：0.49 ② 労働生産性：5.7 百万円 ③ 労働分配率：0.52 ③ 労働生産性：6.1 百万円 ④ 労働分配率：0.49 ④ 労働生産性：6.1 百万円 ⑤ 労働分配率：0.52 ⑤ 労働生産性：6.3 百万円 労働分配率：0.49 （解説） 当期の労働分配率は……55,500 ＝0.486…→0.49
95	74	枠内 （事業価値 の算定方法 の末尾）	事業価値＝……＋ $\dfrac{(継続価値)}{(1+割引率)^n}$	事業価値＝……＋ $\dfrac{(Xn年のFCF)}{(1+割引率)^n}$

〈2021 年 1 月 5 日発行・第 2 版　第 1 刷分〉同文舘出版株式会社

ビジネス会計検定試験®

検定試験 第2版

対策問題集

ビジネスアカウンティング研究会[編]

1級

同文舘出版

はしがき

　会計が国際社会のインフラとして不可欠なものとなり、社会人の基礎的なスキルとして会計リテラシー(財務諸表を理解する力)の重要性が高まっている。一方で、会計書を読み解くだけでは、財務諸表を理解する真の能力を身に付けることが難しいことも事実であり、正しい会計知識・分析能力を習得する効率的・効果的な手法・機会が必要とされている。そのような中で、ビジネス会計検定試験®が実施されている。

　このビジネス会計検定試験®は大阪商工会議所により運営されている財務諸表に関する知識や分析力を問い、財務諸表が表す数値を理解してビジネスに活かしていくことを重視する検定である。経理部門以外のビジネスパーソンにとり、財務諸表を作成する簿記的な知識・能力よりも、むしろ財務諸表の読み手としての知識・能力が重要となる。ビジネス会計検定試験®は1級から3級まで設定されており、1級は企業の成長戦略や経営課題などを理解・判断するため、財務諸表を含む会計情報を総合的に分析し企業の評価ができる力を身につけるものである。会計情報に関する知識として、各種開示制度や各種財務諸表の総合的な理解を深めることが求められ、重要な構成要素について、会計基準の内容を理解し注記などの補足情報の読み方について学習する。財務諸表分析では、より深く財務諸表を分析するための方法を学習する。また、会計を取り巻く周辺領域の知識や事業評価などにも活用できる企業価値分析の基本的な考え方や分析方法についても応用領域として学習する。1級の検定試験の過去の出題傾向から、今後の出題可能性が高い内容・領域について、実際の試験の出題形式と同様の形式で出題した。1級の場合、マークシートの選択式問題と、論述式問題にわかれ、難易度も2級に比較してかなり高度になっている。3級、2級と経験してきた受験生にとって、1級ではじめて論述式問題を経験することになる。そこで、本書では、第1部選択式問題と第2部論述式問題に区別し末尾に総合問題形式を配置して万全の対策ができるように工夫した。

　第1部の選択式問題は、第1章ディスクロージャー、第2章財務諸表と計算書類、第3章財務諸表項目の要点、第4章財務諸表の作成原理、第5章財務諸表分析、第6章企業価値分析と、ビジネス会計検定試験1級の出題範囲に対応

した構成をとり、各設問の見出し（タイトル）からその出題内容を把握できるようにし、さらに解説を通じて出題範囲の全域を理解できるようにしている。中心領域は第5章、第6章であり、また第1章から第4章は2級の内容の理解の上に位置する。第2部の論述式問題は、数値を計算して算出し、文章で解答を書いて表現するため、対策に工夫が必要であるが、記述の目安となる分量を示すとともに解答例と解説から、対応可能にしている。合格の鍵を握るのが後半の論述式であり、そのためには基礎的な会計知識の習得に加え、出題形式への慣れや計算の迅速化と文章表現力が必須となる。

1級は選択式形式（100点）と論述式形式（100点）の出題で、200点満点中、論述式50点以上かつ全体で140点以上の得点が合格とされる。なお2015年度実施の第18回検定試験より、不合格者のうち、120点以上得点した者を1級合格に準じ「準1級」として認定している。

本書は、総合問題を含む各設問について実際に解答していくことにより、検定試験の出題形式に慣れ、高得点を狙える計算能力・問題処理能力と文章表現力が習得できるようにしている。また、各設問の解説欄には、解答方法のみならず、必要に応じ、その出題内容の関連知識も併記し、本書の問題を解きその解説を読むことで、会計への理解がすすむような構成にしている。この結果、本書は単に検定試験の対策のためだけではなく、会計の必要知識習得のための参考書としても活用できるものになったと自負している。

現代のビジネスパーソンにとって、会計リテラシーは必須のスキルとなっている。会計の知識・能力の保持は強みになるというプラスのレベルではなく、ビジネスマナーと同様、ビジネスパーソンとして最低限身につけておくべき常識・共通言語となっている。本書によって、読者の会計リテラシーの向上に少しでも寄与することができたのであれば、執筆者一同にとっては望外の喜びである。また今回の改訂にあたり、1級の合格者や受験生など多くの方から、貴重な意見をいただき、参考にさせていただいた。ここに謝意を表したい。

2020年12月

執筆者を代表して

古田清和

はしがき

第1部　選択式問題

◉第1章◉

ディスクロージャー

◉第2章◉

財務諸表と計算書類

財務諸表項目の要点

●第4章●

財務諸表の作成原理

●第5章●

財務諸表分析

●第6章●

企業価値分析

第2部　論述式問題

第1部

選択式問題

　選択式問題は、マークシート方式で18問あり、100点満点の配点である。論述式問題の100点満点と合わせて全体が200点満点で、論述式50点以上でかつ全体で140点以上が合格ラインである。したがって、この選択式問題で80～90%の得点を目標とすることが望ましい。1級は2級の知識の上に成立しており、新たに学習する部分は第6章の企業価値分析が中心となる。2級の内容を確実に理解していれば、得点の積み上げは、難しいものではない。理解があいまいな部分があれば、2級の内容を復習していただきたい。なお、第1部の解説には該当する問題を解いていくにあたっては、とくに必要というわけではないが、同一のテーマとして知っておけばよいと思われる部分を□□の中に入れて解説しているので参考にされたい。

第1章

ディスクロージャー

||||||||||||||||||||||||||||||||||||||||||||||||||||||||||||||||||||||||||||||||||||||||||||||||||||||||||||||||||||||||

要約

　ディスクロージャーとは情報開示・情報公開ともいわれる。情報を有していない者とそうでない者には情報格差があり、これを情報の非対称性という。この格差を解消するために、ディスクロージャーがある。とくに会社法や金融商品取引法における法的枠組を理解する必要がある。さらに投資関連としては証券取引所が求めるディスクロージャーが中心となる。財務分析に必要な情報がどのような仕組みで入手できるかを確認することである。

要点

①会社法上のディスクロージャー

②金融商品取引法上のディスクロージャー

③証券取引所が求めるディスクロージャー

④IRと電子化

問題1 会社法上のディスクロージャー

次の文章について、正誤の組み合わせとして正しいものを選びなさい。

> (ア) 会社法における、計算書類等とは、貸借対照表、損益計算書、株主資本等変動計算書、個別注記表および事業報告ならびにこれらの附属明細書をいう。
>
> (イ) 株式会社が計算書類等を本店に5年、支店に3年備え置き株主および債権者の閲覧に供することを直接開示という。
>
> (ウ) 取締役会設置の株式会社において、取締役は、定時株主総会の招集の通知に際して取締役会で承認を受けた計算書類等を提供するが、これを間接開示という。

① (ア)正 (イ)誤 (ウ)正
② (ア)誤 (イ)正 (ウ)誤
③ (ア)誤 (イ)正 (ウ)正
④ (ア)正 (イ)誤 (ウ)誤

解説

　会社法は、株式会社の計算を株主保護および債権者保護の観点から規制している。会社の計算を規制することによって利害調整さらには保護を図ろうとする。さらに会社法は計算書類等をさまざまな方法で開示することを求めている。ここで計算書類等とは、貸借対照表、損益計算書、株主資本等変動計算書、個別注記表および事業報告ならびにこれらの附属明細書をいう。キャッシュ・フロー計算書は金融商品取引法における財務諸表である。選択肢について解説すると次のようになる。

　(ア) 計算書類等とは計算書類および事業報告ならびにこれらの附属明細書をいう。よって正しい。

　(イ) 間接開示である。よって誤り。

　(ウ) 直接開示である。よって誤り。

　有価証券報告書提出会社である大会社は、連結計算書類として、連結貸借対照表、連結損益計算書、連結株主資本等変動計算書、連結注記表を作成しなければならない。さらに連結計算書類は定時株主総会へ報告しなければならない。

　また、臨時計算書類として、臨時決算日における貸借対照表と、臨時決算日の属する事業年度の初日から臨時決算日までの期間に係る損益計算書を作成することができ、臨時計算書類上の損益は分配可能額算定上反映される。

④ 　答解

問題 2　金融商品取引法上のディスクロージャー

次の文章について、正誤の組み合わせとしての正しいものを選びなさい。

> (ア)　売出価額が総額1億円以上の有価証券の売出しを行う場合には、有価証券の発行者は有価証券届出書を内閣総理大臣に提出しなければならない。
>
> (イ)　機動的な資金調達を行うため、発行登録制度を用いた場合でも、有価証券届出書は提出する必要がある。
>
> (ウ)　有価証券届出書を作成・開示した会社は、その後の事業年度において、事業年度ごとに、有価証券報告書を提出しなければならない。
>
> (エ)　上場有価証券等の発行者は、事業年度経過後3カ月以内に、有価証券報告書を金融庁に提出しなければならない。

① (ア)正　(イ)誤　(ウ)正　(エ)誤
② (ア)誤　(イ)正　(ウ)誤　(エ)正
③ (ア)誤　(イ)正　(ウ)正　(エ)誤
④ (ア)正　(イ)誤　(ウ)誤　(エ)正

解説

選択肢について解説すると次のようになる。

(ア)　発行価額または売出価額が総額1億円以上の有価証券の募集または売出しを行う場合には、有価証券の発行者は有価証券届出書を内閣総理大臣に提出しなければならない（発行開示）。よって正しい。

(イ)　発行登録制度を用いた場合は、発行登録追補書類を内閣総理大臣に提出するだけでよく、有価証券届出書は提出する必要はない。よって誤り。

(ウ)　有価証券届出書を作成・開示した会社は、その後の事業年度において、事業年度ごとに、有価証券報告書を提出しなければならない（継続開示）。よって正しい。

(エ)　上場有価証券等の発行者は、事業年度ごとに、事業年度経過後3カ月以内に、有価証券報告書を内閣総理大臣に提出しなければならない。よって誤り。

① 　答解

次の文章について、正しいものの個数を選びなさい。

(ア) 会社情報の適時開示制度の下で開示が求められる会社情報には、決定事実に関する情報・発生事実に関する情報・予想値の修正等が含まれる。

(イ) 決算短信作成要領によると、連結財務諸表作成会社では、「サマリー情報」として連結業績、配当の状況、注記事項および参考情報（個別業績の概要）が開示される。

(ウ) 決算短信作成要領によると、連結財務諸表作成会社では、添付資料として、経営成績等の概況、会計基準の選択に関する基本的な考え方などが開示される。

(エ) 連結業績予想は、日本における適時開示の特徴であり投資者の意思決定に大きく影響を及ぼす重要な情報であるため、決算短信で開示することが求められる。

(オ) 「インベスター・リレーションズ（IR）」とは、証券取引所の求める「適時開示」の1つである。

① 0   ② 1つ   ③ 2つ   ④ 3つ   ⑤ 4つ

解説

誤っている選択肢について解説すると次のようになる。

(エ) 連結業績予想は、日本における適時開示の特徴であるが、その情報を含めるか否かは上場会社の判断に委ねられている。証券取引所が規則で定めるディスクロージャーも強制的性格を有している。取引所が求める開示には適時性が重視され「適時開示（タイムリー・ディスクロージャー）」といわれる。なお、決算短信は決算日後45日以内の公表が適当とされ、証券取引所は30日程度で開示することが望ましいとしている。

(オ) IRは自主的なディスクロージャー（任意開示）であり、法律や取引所の規則に従った制度開示（強制開示）と区別される。

よって、(ア)、(イ)、(ウ)が正しい。

問題 4　有価証券報告書の記載事項

　有価証券報告書（第3号様式）の経理の状況に記載される連結財務諸表等および財務諸表等の中で、正誤の組み合わせとして正しいものを選びなさい。

(ア)　貸借対照表・損益計算書・株主資本等変動計算書

(イ)　連結貸借対照表・連結損益計算書・連結包括利益計算書・連結株主資本等変動計算書

(ウ)　キャッシュ・フロー計算書または連結キャッシュ・フロー計算書

(エ)　附属明細表および連結附属明細表

---

① (ア)正　(イ)正　(ウ)正　(エ)正
② (ア)正　(イ)正　(ウ)誤　(エ)誤
③ (ア)誤　(イ)正　(ウ)正　(エ)誤
④ (ア)誤　(イ)正　(ウ)誤　(エ)誤
⑤ (ア)正　(イ)誤　(ウ)誤　(エ)誤

解説

　連結財務諸表を作成している場合、(ア)から(エ)のすべての財務諸表が含まれる。連結損益計算書・連結包括利益計算書にかえて連結損益および包括利益計算書でもよい。「キャッシュ・フロー計算書または連結キャッシュ・フロー計算書」となっているのは、連結キャッシュ・フロー計算書を作成していればキャッシュ・フロー計算書は不要となるからである。

　また、有価証券明細表、有形固定資産明細表、社債明細表、借入金等明細書、資産除去債務明細表が附属明細表に、社債明細表、借入金等明細書、資産除去債務明細表が連結附属明細表に記載される。

　よって、すべて正しい。

　有価証券報告書の区分で、第一部企業情報には、第1　企業の概況、第2　事業の状況、第3　設備の状況、第4　提出会社の状況、第5　経理の状況　などが記載事項である。なお、第5　経理の状況には、1　連結財務諸表等　2　財務諸表等、が記載される。

① 答解

公告

次の文章の空欄㋐から㋔に当てはまる語句の適切な組み合わせを選びなさい。

> 有価証券報告書提出会社を除き、株式会社は定時株主総会の終了後（㋐）、（㋑）は（㋒）および（㋓）を、（㋑）以外の会社は（㋒）を公告しなければならない。この公告は（㋔）によって公開することもできる。

① ㋐遅滞なく　　　㋑大会社　　　㋒損益計算書　　㋓貸借対照表　　㋔電子公告
② ㋐遅滞なく　　　㋑大会社　　　㋒貸借対照表　　㋓損益計算書　　㋔電子公告
③ ㋐1カ月以内に　㋑上場会社　　㋒計算書類　　　㋓事業報告　　　㋔電子公告
④ ㋐1カ月以内に　㋑大会社　　　㋒事業報告　　　㋓計算書類　　　㋔官報
⑤ ㋐遅滞なく　　　㋑上場会社　　㋒貸借対照表　　㋓損益計算書　　㋔官報

解説

適切な語句を入れると次のようになる。

有価証券報告書提出会社を除き、株式会社は定時株主総会の終了後（ア　遅滞なく）、（イ　大会社）は（ウ　貸借対照表）および（エ　損益計算書）を、（イ　大会社）以外の会社は（ウ　貸借対照表）を公告しなければならない。この公告は（オ　電子公告）によって公開することもできる。

株式会社は定時総会の終了後遅滞なく、計算書類を公告しなければならない。計算書類の公告は、官報または時事に関する事項を掲載する日刊新聞紙への掲載（これらの場合、要旨でもよい）、電磁的方法または電子公告（インターネット）によって公開することもできる。

正解　②

問題 6 四半期報告書

次の文章について、正誤の組み合わせとして正しいものを選びなさい。

(ア) 特定事業会社を除く上場企業は、事業年度を3カ月ごとに区分した期間ごと（第4四半期を除く）に、提出会社が属する企業集団の経理の状況等を記載した四半期報告書を、当該期間経過後45日以内に提出しなければならない。

(イ) 四半期報告書においては、利害関係者の判断を誤らせない限り簡便な会計処理を採用して四半期財務諸表を作成することができる。

(ウ) 四半期報告書においては、四半期連結財務諸表を作成していても四半期個別財務諸表を作成する必要がある。

---

① (ア)正　(イ)正　(ウ)誤
② (ア)正　(イ)誤　(ウ)誤
③ (ア)誤　(イ)正　(ウ)正
④ (ア)正　(イ)誤　(ウ)正

解説

選択肢について解説すると次のようになる。

(ア) 四半期報告書の提出先は内閣総理大臣である。第4四半期には有価証券報告書が提出されるため四半期報告書は作成されない。なお銀行等の特定事業会社は第2四半期報告書に同会社の経理の状況等を加え、60日以内の提出となる。よって正しい。

(イ) 四半期報告書は、45日以内に提出する必要がある（迅速性）ため、利害関係者の判断を誤らせない限り簡便な会計処理を採用（簡便性）して四半期財務諸表を作成することができる。よって正しい。

(ウ) 四半期報告書については、連結財務諸表を作成していれば、連結財務諸表と個別財務諸表の両方を作成する必要はない。よって誤り。

① 答解

四半期財務諸表

次の文章について、正誤の組み合わせとして正しいものを選びなさい。

> (ア) 四半期財務諸表には、四半期株主資本等変動計算書および四半期包括利益計算書、ならびに四半期キャッシュ・フロー計算書が含まれる。
>
> (イ) 四半期損益計算書および四半期包括利益計算書にかえて、四半期損益及び包括利益計算書を開示することも認められる。
>
> (ウ) 第1四半期と第3四半期においては、四半期キャッシュ・フロー計算書の開示を省略することができる。
>
> (エ) 四半期財務諸表を作成する方法としては、四半期会計期間を一会計期間とみなし、四半期の経営成績と財政状態などの情報を提供するために四半期財務諸表を作成するという実績主義と、四半期を年度の一構成部分として位置づけ、年度の業績予測のために四半期財務諸表を作成するという予測主義とがあるが、わが国では実績主義が採用されている。

① (ア)正　(イ)誤　(ウ)正　(エ)誤

② (ア)誤　(イ)正　(ウ)誤　(エ)正

③ (ア)誤　(イ)正　(ウ)正　(エ)正

④ (ア)正　(イ)正　(ウ)正　(エ)誤

⑤ (ア)正　(イ)誤　(ウ)誤　(エ)正

解説

選択肢について解説すると次のようになる。

(ア) 四半期財務諸表には、四半期株主資本等変動計算書は事務負担等を考慮して含まれていない。よって誤り。

(イ) 四半期財務諸表では、包括利益の表示に関して、1計算者方式と2計算書方式の選択が認められている。なお，四半期損益計算書および四半期包括利益計算書の開示対象期間は、期首からの累計期間および前年度における対応する期間とする。当期情報として3カ月の経営成績を開示する必要はない。よって正しい。

(ウ) 四半期キャッシュ・フロー計算書について、簡素化により省略が認められているが、第2四半期は認められない。よって正しい。

(エ) 四半期財務諸表の作成方法には、実績主義の考え方が取り入れられている。よって正しい。

解答　③

ディスクロージャーの電子化

次の文章について、正誤の組み合わせとして正しいものを選びなさい。

> (ア) EDINETとは、金融商品取引法に基づく有価証券報告書等の開示書類に関する電子開示システムをいう。
>
> (イ) XBRLとは、各種財務報告用の情報を作成・流通・利用できるように標準化されたXMLベースの言語である。
>
> (ウ) TDnetとは、金融庁の運営する適時開示情報伝達システム（タイムリー・ディスクロージャー・ネットワーク）のことである。電子開示データの閲覧に関して、適時開示情報閲覧サービスから利用可能である。

① (ア)正　(イ)正　(ウ)正

② (ア)正　(イ)正　(ウ)誤

③ (ア)誤　(イ)正　(ウ)正

④ (ア)誤　(イ)誤　(ウ)正

⑤ (ア)正　(イ)誤　(ウ)誤

解説

選択肢について解説すると次のようになる。

(ア) EDINETは、有価証券報告書、有価証券届出書、大量保有報告書等の開示書類について、その提出から公衆縦覧等に至るまでの一連の手続きを電子化するために開発されたシステムである。よって正しい。

(イ) XBRLは、各種財務報告用の情報を作成・流通・利用できるように標準化されたXMLベースの言語であり、XBRLの仕様は、ソフトウェアやプラットフォームに関係なく、電子的な財務情報の利用を可能にしている。よって正しい。

(ウ) TDnetは、東京証券取引所が提供する適時開示情報伝達システム（タイムリー・ディスクロージャー・ネットワーク）であり、掲載内容は、取引所等の企業が開示した投資判断上重要な会社情報である。よって誤り。

なお、電子開示データの閲覧に関して、金融庁の有価証券報告書等の開示書類の閲覧サイト（EDINET）以外にも、証券取引所の適時開示情報閲覧サービスからも利用できる。

② 解答

第 2 章

財務諸表と計算書類

要 約

　財務諸表と計算書類の体系を理解する。そして、連結損益計算書と損益計算書の相違点、連結貸借対照表と貸借対照表の相違点を理解し、連結損益計算書と連結貸借対照表の情報内容を把握する。

　また、連結キャッシュ・フロー計算書の区分表示と、それぞれの区分で示されたキャッシュ・フロー情報の意味を理解する。とくに会社法の計算書類と金融商品取引法の財務諸表では、キャッシュ・フロー計算書が会社法の計算書類に含まれていない点に注意する。

　さらに注記等の具体的内容について、各財務諸表と関連づけて理解することが必要となる。

要 点

①財務諸表と計算書類の体系　　　　　　③連結貸借対照表の内容

②連結損益計算書の内容　　　　　　　　④連結キャッシュ・フロー計算書の内容

財務諸表と計算書類の体系

次の文章について、正しいものの組み合わせを選びなさい。

(ア) キャッシュ・フロー計算書は会社法の計算書類に含められていない。ただし、連結計算書類を作成開示する場合には、連結キャッシュ・フロー計算書を開示することが求められている。

(イ) 会社法は、金融商品取引法の適用を受けて有価証券報告書を提出する大会社に限り、連結計算書類を作成開示することを要求している。

(ウ) 附属明細書と事業報告はともに会社法の要求により作成開示されるものであるが、どちらも計算書類には含まない。

(エ) 連結財務諸表を作成している会社は、有価証券報告書において個別の財務諸表としてもキャッシュ・フロー計算書を作成することが求められる。

(オ) 会社法の計算書類には注記表が含められているが、金融商品取引法の財務諸表には注記表が含められていない。よって、現行制度上、注記事項の把握は計算書類の開示に依拠せざるをえない。

① アイ ② アエ ③ イウ ④ ウオ ⑤ エオ

解説

誤っている選択肢について解説すると次のようになる。

(ア) 連結計算書類において、連結キャッシュ・フロー計算書の開示は要求されていない。

(エ) 連結財務諸表を作成している会社は、有価証券報告書において個別の財務諸表としてキャッシュ・フロー計算書を作成する必要はない。

(オ) 金融商品取引法では、注記事項を集約した注記表の作成は求められないが、財務諸表の該当箇所に注記事項を記載することが求められている。よって財務諸表からも注記事項を把握することが可能である。

よって(イ)、(ウ)が正しい。

なお、大会社には連結計算書類の作成が要求されるが、これ以外に、会計監査人設置会社は連結計算書類を作成することができる。

事業報告は計算書類とともに株主総会招集通知に含められるが、附属明細書は含められない。

③ 答解

問題 10　連結損益計算書の内容

次の文章について、正誤の組み合わせとして正しいものを選びなさい。

(ア)　営業利益は企業の本来の業務から生まれた利益を示しているが、当期純利益は本来の業務以外によって発生する利益と損失をも含んだ利益を示している。

(イ)　営業利益に営業外損益を加減算して計算された利益を経常利益という。営業外損益項目としては、たとえば為替差損益、持分法による投資損益、のれん償却額などがあげられる。

(ウ)　連結損益計算書上、非支配株主に帰属する当期純利益は、当期純利益の後に表示される。

(エ)　経常的に発生せず臨時的・偶発的に生じた損益や支払うべき税額も考慮した利益が当期純利益である。当期純利益は企業集団における最終的に分配可能な期間利益という性格をもつ。

① (ア)正　(イ)正　(ウ)誤　(エ)誤
② (ア)正　(イ)誤　(ウ)正　(エ)誤
③ (ア)誤　(イ)正　(ウ)誤　(エ)正
④ (ア)正　(イ)誤　(ウ)正　(エ)正
⑤ (ア)誤　(イ)正　(ウ)正　(エ)誤

解説

誤っている選択肢について解説すると次のようになる。

(イ)　のれん償却額は販売費及び一般管理費の区分に計上される。

(エ)　連結損益計算書における当期純利益のうち、非支配株主に帰属する当期純利益は、親会社の立場からすれば一種の費用的な性格をもつものである。そのため、当期純利益から非支配株主に帰属する当期純利益を控除した親会社株主に帰属する当期純利益が、企業集団における最終的な儲けであり、企業集団における最終的に分配可能な期間利益という性格をもつ。

よって(ア)、(ウ)が正しい。

解答　②

連結損益計算書の表示

連結損益計算書の税金等調整前当期純利益から末尾までの表示順で正しいものを選びなさい。

税金等調整前当期純利益	×××
（ア）	×××
（イ）	×××
法人税等合計	×××
当期純利益	×××
（ウ）	×××
（エ）	×××

① （ア）法人税等調整額　　　　　　　　　（イ）法人税，住民税及び事業税
　　（ウ）非支配株主に帰属する当期純利益　（エ）親会社株主に帰属する当期純利益
② （ア）法人税，住民税及び事業税　　　　（イ）法人税等調整額
　　（ウ）非支配株主に帰属する当期純利益　（エ）親会社株主に帰属する当期純利益
③ （ア）非支配株主に帰属する当期純利益　（イ）親会社株主に帰属する当期純利益
　　（ウ）法人税，住民税及び事業税　　　　（エ）法人税等調整額
④ （ア）非支配株主に帰属する当期純利益　（イ）親会社株主に帰属する当期純利益
　　（ウ）法人税等調整額　　　　　　　　　（エ）法人税，住民税及び事業税

解説

適切な表示科目を入れると次のようになる。

税金等調整前当期純利益	×××
法人税，住民税及び事業税	×××
法人税等調整額	×××
法人税等合計	×××
当期純利益	×××
非支配株主に帰属する当期純利益	×××
親会社株主に帰属する当期純利益	×××

解答　②

16

問題 12　連結貸借対照表

次の文章について、正誤の組み合わせとして正しいものを選びなさい。

> ㋐　子会社の資本のうち親会社に帰属しない部分は、非支配株主持分として連結貸借対照表の純資産の部に株主資本として表示される。
>
> ㋑　為替換算調整勘定は、在外支店の貸借対照表項目を円換算するときに計上される。
>
> ㋒　連結貸借対照表の純資産の部において、資本剰余金の内訳は表示されない。
>
> ㋓　連結貸借対照表のその他の包括利益累計額に計上されるその他有価証券評価差額金、繰延ヘッジ損益、為替換算調整勘定のうち、個別の貸借対照表にも計上されうるのはその他有価証券評価差額金のみである。

① ㋐正　㋑誤　㋒正　㋓誤
② ㋐正　㋑正　㋒誤　㋓誤
③ ㋐誤　㋑誤　㋒正　㋓誤
④ ㋐誤　㋑誤　㋒誤　㋓正
⑤ ㋐誤　㋑正　㋒正　㋓正

解説

誤っている選択肢について解説すると次のようになる。

㋐　子会社の資本のうち親会社に帰属しない部分は、非支配株主持分として連結貸借対照表の純資産の部に株主資本と区別して表示される。

㋑　為替換算調整勘定は、在外子会社の貸借対照表項目を円換算するときに計上される。

㋓　連結貸借対照表固有の項目は為替換算調整勘定のみであり、その他有価証券評価差額金と繰延ヘッジ損益は、個別の貸借対照表にも計上される。

よって㋒が正しい。

> 連結貸借対照表においてその他の包括利益累計額として表示される項目は、個別貸借対照表では評価・換算差額等として表示される。

③　解答

連結貸借対照表の内容

次の〈資料〉により、連結貸借対照表の期末における流動資産および流動負債の合計金額を計算し、正しい数値の組み合わせを選びなさい。（単位：省略）

〈資料〉

その他有価証券	取得原価 100　期末時価120
現金及び預金	期末帳簿価額 200（うち、2年後満期予定の定期預金が20含まれている）
売買目的有価証券	取得原価 140　期末時価 120（当期取得）
建物(1年以内に売却予定)	前期末帳簿価額 300　減価償却費 20
売掛金	期末帳簿価額 100（売掛金に対する貸倒引当金は10）
買掛金	期末帳簿価額 150
短期借入金	期末帳簿価額 200
リース債務	期末帳簿価額 400（うち、1年以内に返済予定100）

① 流動資産：390、流動負債：450
② 流動資産：400、流動負債：450
③ 流動資産：420、流動負債：750
④ 流動資産：670、流動負債：750

解説

流動資産＝現金及び預金（決算日後1年超の満期予定の定期預金を除く）＋売買目的有価証券（期末時価）＋売掛金－貸倒引当金＝（200－20）＋120＋（100－10）＝390

売買目的有価証券については、貸借対照表価額は時価となり、評価差額は営業外損益となる。資料の場合は、評価損20（期末時価120－取得原価140＝△20）が営業外費用となる。その他有価証券は通常長期保有を目的として取得されるものであるため、固定資産に分類される。

建物は、固定資産に分類され、1年以内に売却予定であっても流動資産には分類されない。

流動負債＝買掛金＋短期借入金＋1年以内に返済予定のリース債務＝150+200+100 ＝450

問題 14 連結キャッシュ・フロー計算書

次の文章について、正しいものの組み合わせを選びなさい。

(ア) 連結キャッシュ・フロー計算書は、企業集団における貸借対照表上の現金及び預金の一会計期間における増減を報告するものである。

(イ) 現金同等物の範囲は経営者の判断に委ねられており、現金及び現金同等物の内容に関しては注記が必要である。

(ウ) 現金及び現金同等物に係る換算差額は、外貨建ての現金及び現金同等物の期中における為替相場の変動による円貨増減額のみが含まれる。

(エ) 配当金は、親会社の株主に対して支払ったものと非支配株主に対して支払ったものとを、合算して配当金の支払いとして記載する。

(オ) 財務活動によるキャッシュ・フロー、および投資活動によるキャッシュ・フローに区分されないものは、営業活動によるキャッシュ・フローに区分する。

① アイ　　② アウ　　③ イウ　　④ イオ　　⑤ エオ

解説

誤っている選択肢について解説すると次のようになる。

(ア) 連結キャッシュ・フロー計算書は、企業集団の一会計期間におけるキャッシュ・フローの状況について報告するものであり、必ずしも貸借対照表上の現金及び預金の金額の増減と一致するものではない。現金同等物は、容易に換金可能でかつ価格変動リスクが小さい短期投資を意味する。よって1年以内に満期が到来する定期預金については、貸借対照表上は現金及び預金に分類されるが、そのすべてが現金同等物に分類されるわけではない。

(ウ) 現金及び現金同等物に係る換算差額は、外貨建ての現金及び現金同等物の期中における為替相場の変動による円貨増減額、および在外子会社のキャッシュ・フロー計算書を円換算した際に生じた差額が含まれる。

(エ) 配当金は、親会社の株主に対して支払ったものは「配当金の支払額」、非支配株主に対して支払ったものは「非支配株主への配当金の支払額」として分けて記載する。

よって(イ)、(オ)が正しい。

解答　④

19

連結キャッシュ・フロー計算書の内容

次の文章について、誤っているものの組み合わせを選びなさい。

> (ア) 利息及び配当金の受取額と利息の支払額は、必ず営業活動によるキャッシュ・フローの区分に表示しなければならない。
>
> (イ) 財務活動によるキャッシュ・フローの区分から、借入金の増加・減少や、株式や社債の発行による資金調達の状況などを知ることができる。
>
> (ウ) 営業キャッシュ・フロー・マージンとは売上高からどのくらいの営業キャッシュ・フローが創出されたかを示す指標であり、その値が低いほど売上高から効率的に資金が獲得できていると判断できる。
>
> (エ) 設備投資額対キャッシュ・フロー比率は、企業の設備投資の健全性や積極性を評価する指標であり、その値が高いほど設備投資に積極的であると判断できる。
>
> (オ) 自己資本営業キャッシュ・フロー比率は、自己資本を利用してどれだけの営業キャッシュ・フローを獲得したのかを示す指標であり、その値が高いほど望ましいと判断できる。

① アイ　　② アウ　　③ イウ　　④ イオ　　⑤ エオ

解説

誤っている選択肢について解説すると次のようになる。

(ア) 利息の収入と支出及び配当金の収入をどの区分に示すかについては、継続適用を条件に次の2つの方法が認められている。

・利息及び配当金の収入と利息の支出のすべてを、営業活動によるキャッシュ・フローの区分に表示する方法。

・利息及び配当金の収入は投資活動によるキャッシュ・フローの区分に示し、利息の支出は財務活動によるキャッシュ・フローの区分に表示する方法。

(ウ) 営業キャッシュ・フロー・マージンとは売上高からどのくらいの営業キャッシュ・フローが創出されたかを示す指標であり、その値が高いほどキャッシュ・フローに対する収益性が高く、売上高から効率的に資金が獲得できていると判断できる。

よって(イ)、(エ)、(オ)が正しい。

第 **3** 章

財務諸表項目の要点

要　約

　各財務諸表項目の概要と、処理の基礎となるそれぞれの会計基準の内容について理解することが重要である。金融資産、金融負債、棚卸資産、固定資産、繰延資産、退職給付引当金、リース等について、会計基準設定の背景を理解し、そのうえで会計処理を確認する。なお、外貨換算会計や税効果会計といった複数の財務諸表項目を対象とする会計基準もあるため、財務諸表項目全体についての十分な理解が必要となる。

　また、計算問題の出題も予測されることから、基本的な計算問題の演習を行うことが望ましい。

　その他、連結財務諸表注記から得られる会計情報や、企業結合や事業分離といった組織再編に関する基本的な考え方とその会計処理についても学習する。

要　点

①金融資産と金融負債

②棚卸資産の評価基準と評価方法

③固定資産の会計処理と減損会計

④繰延資産と研究開発費の会計処理

⑤退職給付会計

⑥純資産項目の会計処理

⑦外貨換算会計

⑧リース会計

⑨税効果会計

⑩会計方針の変更と遡及修正

⑪連結財務諸表注記

⑫企業結合・事業分離の会計処理

ヘッジ会計

次の文章について、正しいものの組み合わせを選びなさい。

(ア) 投機目的で先物取引を行ったが、この場合ヘッジ会計を適用することはできない。

(イ) 振当処理とは、為替予約等により確定する円貨額で外貨建金銭債権債務を換算し、直物為替相場との差額を期間配分する処理であり、この場合、為替予約等がヘッジ対象、外貨建金銭債権債務がヘッジ手段である。

(ウ) 借入金の変動金利の受払条件を変換することを目的として金利スワップ契約を結んだ場合、ヘッジ会計を適用することができる。

(エ) 売買目的有価証券の時価変動リスクをヘッジするために先物取引を行った場合、ヘッジ会計を適用することができる。

(オ) ヘッジ会計の原則的な方法は、ヘッジ対象に係る相場変動等を損益に反映させることにより、その損益とヘッジ手段に係る損益を同一の会計期間に認識させる方法である。

① アウ ② アオ ③ イウ ④ イエ ⑤ エオ

解説

　誤っている選択肢について解説すると次のようになる。

(イ) 外貨建金銭債権債務がヘッジ対象、為替予約等がヘッジ手段である。

(エ) 売買目的有価証券の時価変動リスクについては、ヘッジ会計を行わなくても相殺効果があるため、ヘッジ会計は適用できない。なお、その他有価証券の時価変動リスクをヘッジする目的で先物取引を行った場合はヘッジ会計を適用できる。

(オ) ヘッジ会計の原則的な方法は、時価評価されているヘッジ手段に係る損益または評価差額を、ヘッジ対象に係る損益が認識されるまで純資産の部において繰り延べる方法（繰延ヘッジ）である。問題文記載の方法は時価ヘッジといわれる方法である。

　よって(ア)、(ウ)が正しい。

① 答解

問題 17 金融商品の定義と内容

次の文章について、正しいものの組み合わせを選びなさい。

(ア) 運用目的の金銭信託の貸借対照表価額は出資額であるのに対し、デリバティブ取引によって生じる正味の債権の貸借対照表価額は時価の金額となる。

(イ) 金融資産または金融負債の消滅に伴い新たな金融資産または金融負債が発生する場合には、発生した金融資産または金融負債は時価によって計上する。

(ウ) 金融負債のうちデリバティブ取引により生じる正味の債務は、時価をもって貸借対照表価額とする。

(エ) 社債を額面金額より低い金額で発行し、収入による金額と債務額が異なり、当該差額が金利の調整と認められる場合には、償却原価法に基づいて算定された価額をもって、貸借対照表価額とする。

① アエ　　② イウ　　③ アイウ　　④ アウエ　　⑤ イウエ

解説

誤っている選択肢について解説すると次のようになる。

(ア) 運用目的の金銭信託、デリバティブ取引によって生じる正味の債権については共に貸借対照表価額は時価の金額となり、評価差額については当期の損益に計上する。

金融資産のうち売買目的有価証券、その他有価証券、運用目的の金銭信託、デリバティブ取引によって生じる正味の債権・債務の貸借対照表価額は時価となる。

よって(イ)、(ウ)、(エ)が正しい。

なお、(エ)について、社債を額面金額より高い金額で発行し、収入による金額と債務額が異なり、当該差額が金利の調整と認められる場合にも、償却原価法に基づいて算定された価額をもって、貸借対照表価額とする。

金融資産にはデリバティブ取引により生じる正味の債権が含まれるが、デリバティブ取引とは、先物取引、先渡取引、オプション取引、スワップ取引およびこれらに類似する取引をいう。また金融負債には、デリバティブ取引により生じる正味の負債が含まれる。

⑤ 解答

18 金融資産と金融負債

次の文章について、誤っているものの組み合わせを選びなさい。

(ア) 条件付金融資産を譲渡した際には、金融資産の経済的価値やリスクの大半が他に移転したと認められる場合に当該金融資産の消滅を認識する。

(イ) 転換社債型新株予約権付社債を発行した場合は、社債と新株予約権を区分せず一体として処理する。

(ウ) 金融負債の消滅を認識した際は、帳簿価額とその対価としての支払額との差額を当期の損益として処理する。

(エ) 第一次債務を引き受けた第三者が倒産等に陥ったときに二次的に責任を負うという条件の下で、債務者が金融負債の契約上の第一次債務者の地位から免責された際は、当該債務に係る金融負債の消滅を認識し、その債務に対する二次的な責任を金融負債として認識する。

① アイ   ② アエ   ③ イウ   ④ イエ   ⑤ ウエ

解説

誤っている選択肢について解説すると次のようになる。

(ア) 条件付金融資産の譲渡は、金融資産を構成する将来キャッシュ・フローなどの経済的価値と貸倒れ等のリスクを分割して、それぞれの財務的要素に対する支配が他に移転した場合に当該移転した財務構成要素の消滅を認識し、留保される財務構成要素の存続を認識する財務構成要素アプローチとよばれる方法がとられる。問題文の方法はリスク・経済価値アプローチといわれる方法である。

なお、条件付金融資産とは、譲渡後に譲渡人と譲受人との一定の関係（遡求権や買戻特約等）を有する金融資産である。

(イ) 転換社債型新株予約権付社債を発行した場合は、社債と新株予約権を区分せず一体として処理する方法（一括法）、または社債と新株予約権を区分する方法（区分法）のいずれかにより会計処理する。

よって(ウ)、(エ)が正しい。

有価証券の貸借対照表価額

金融商品に関する次の〈資料〉により、空欄㋐から㋓に当てはまる数値の適切な組み合わせを選びなさい。〈資料〉はともにH社の×3年度の会計期間に関するものである。（単位：省略）

〈資料〉有価証券および投資有価証券の内訳

種類	取得原価	当期末時価	当期末償却原価
売買目的有価証券A	800	750	―
売買目的有価証券B	1,000	1,080	―
満期保有目的の債券甲（※）	80	90	82
満期保有目的の債券乙	200	202	―
子会社株式	1,000	1,100	―
その他有価証券	500	580	―

（※）額面金額と取得原価との間に差があり、当該差額は金利の調整と認められる。

	連結貸借対照表計上額
売買目的有価証券	㋐
満期保有目的の債券	㋑
関係会社株式	㋒
その他有価証券	㋓

① ㋐1,800　㋑292　㋒1,100　㋓500

② ㋐1,830　㋑280　㋒1,000　㋓500

③ ㋐1,830　㋑282　㋒1,000　㋓580

④ ㋐1,830　㋑282　㋒1,100　㋓580

⑤ ㋐1,830　㋑292　㋒1,100　㋓580

解説

有価証券の貸借対照表価額は、売買目的有価証券とその他有価証券については時価、子会社株式については取得原価である。また、満期保有目的債券の貸借対照表価額は取得原価または償却原価である。債券甲については「額面金額と取得原価との間に差があり、当該差額は金利の調整と認められる」と記載されていることから償却原価で評価し、債券乙については取得原価で評価する。

㋐　時価の合計750＋1080　　㋑　甲償却原価82＋乙取得原価200

㋒　子会社株式は取得原価1,000　　㋓　その他有価証券は時価580

棚卸資産の評価基準

次の文章について、正しいものの組み合わせを選びなさい。

(ア) トレーディング目的で保有する棚卸資産は、期末時点の市場価格をもって貸借対照表価額とし、帳簿価額との差額は、当期の損益として処理する。

(イ) 再調達原価の方が把握しやすく、正味売却価額が再調達原価に歩調を合わせて動くと想定される場合には、継続適用を条件として、再調達原価による収益性の低下の判断および簿価の切下げを行うことができる。

(ウ) 払出原価と期末棚卸高は、個別法、先入先出法、総平均法、売価還元法の中から選択した評価方法で算定する。

(エ) 棚卸資産の簿価切下額は、切放し法によって処理しなければならない。

(オ) 通常の販売目的で保有する棚卸資産の正味売却価額が臨時の事象に起因して下落した場合、下落金額の多寡にかかわらず評価損は特別損失に計上する。

---

① アイ　　② アエ　　③ イウ　　④ ウエ　　⑤ ウオ

解説

誤っている選択肢について解説すると次のようになる。

(ウ) 移動平均法によることも認められている。移動平均法と総平均法を平均原価法と総称する。

(エ) 洗替え法と切放し法は、継続適用を条件として、棚卸資産の種類ごとに選択適用することができる。

(オ) 臨時の事象に起因し、かつ、多額の場合に特別損失とする。

よって(ア)、(イ)が正しい。

トレーディング目的で保有する棚卸資産とは、単に市場価格の変動により利益を得ることを目的として保有している棚卸資産をいう。

通常の販売目的で保有する棚卸資産には、収益性の低下による低価基準が適用される。期末における資金回収額を示す正味売却価額が帳簿価額より下落しているという事実のもと簿価の切下げが行われる。

---

① 答辩

問題 21 棚卸資産の評価減

次の文章について、誤っているものの組み合わせを選びなさい。

(ア) 通常の販売目的で保有する棚卸資産は、収益性の低下により投資額の回収が見込めなくなったときには、回収可能な額まで貸借対照表価額を引き下げる。

(イ) 通常の販売目的で保有する棚卸資産は、原則として正味売却価額を回収可能な額とする。

(ウ) 低価法評価損は、品質低下評価損や陳腐化評価損とは区分して会計処理を行う。

(エ) 洗替え法と切放し法のうち、正味売却価額の回復を反映できるのは洗替え法である。

(オ) 再調達原価とは、売却市場の時価から見積追加製造原価および見積販売直接経費を控除したものをいう。

① アイ   ② アエ   ③ イウ   ④ イエ   ⑤ ウオ

解説

誤っている選択肢について解説すると次のようになる。

(ウ) 品質低下評価損や陳腐化評価損と市場の需給関係を原因とする低価法評価損とは明確に区分されていた時期もあったが、「棚卸資産の評価に関する会計基準」が制定され、それらは収益性の低下の観点から相違がないものとして取り扱われることとなった。

(オ) 再調達原価とは、購買市場の時価に、購入に付随する費用を加算したものである。売却市場の時価から見積追加製造原価および見積販売直接経費を控除したものは、正味売却価額である。

よって(ア)、(イ)、(エ)が正しい。

前期の簿価切下額について当期に戻入れを行う洗替え法と戻入れを行わない切放し法があるが、両者の優劣は判断できないため、継続適用を条件として、棚卸資産の種類ごとに選択適用が可能である。

⑤ 答解

固定資産の減損

次の文章について、正しいものの組み合わせを選びなさい。

⑺ 固定資産の減損処理の目的は、決算日における資産価値を貸借対照表に表示することである。

⑷ 資産のグルーピングの方法によって、減損損失の金額が変わる場合がある。

⑼ 減損の兆候のある資産すべてについて減損損失を認識する。

㊀ 回収可能価額とは、正味売却価額と使用価値のいずれか高い方の金額である。

㊁ 減損処理を行った資産の貸借対照表における表示は、原則として、減損損失累計額を取得原価から間接控除する形式で行う。

① アイ ② アウ ③ イエ ④ イオ ⑤ エオ

解説

誤っている選択肢について解説すると次のようになる。

⑺ 固定資産の減損処理の目的は、収益性の低下により投資額の回収が見込めなくなった場合に、帳簿価額を減額することによって資産の回収可能性を貸借対照表に反映させることである。

⑼ 減損の兆候がある資産のうち、資産または資産グループから得られる割引前将来キャッシュ・フローの総額が帳簿価額を下回る場合には、減損損失を認識する。

㊁ 減損処理を行った資産の貸借対照表における表示は、原則として、減損処理前の取得原価から減損損失を直接控除する形式で行う。なお、減損損失累計額を取得原価から間接控除する形式で表示することもできる。この場合、減損損失累計額を減価償却累計額に合算して表示することも認められる。

よって⑷、㊀が正しい。

固定資産の減損処理とは、資産の収益性の低下により投資額の回収が見込めなくなった場合に、一定の条件の下で回収可能性を反映させるように帳簿価額を減額する処理である。不動産をはじめ固定資産の価格や収益性が著しく低下すると、それらの状況を反映した帳簿価額が付されなければ、将来に損失を繰り延べていることになる。

③ 　答解

問題 23 固定資産の減損のステップと損失の測定

次の〈資料〉により、各資産グループの減損損失の金額を計算し、その合計金額（資産グループA、B、Cの減損損失の合計金額）として正しい数値を選びなさい。

なお、各資産グループは、他の資産グループから独立したキャッシュ・フローを生み出す最小の単位である。（単位：省略）

〈資料〉

資産グループ	帳簿価額	減損の兆候	割引前将来キャッシュ・フローの総額
Aグループ	建物 2,000 土地 6,000	あり	7,500
Bグループ	建物 4,500 土地 4,500	なし	8,000
Cグループ	建物 2,000 土地 3,000	あり	4,000

資産グループ	正味売却価額	使用価値
Aグループ	1,000	7,000
Bグループ	5,000	5,500
Cグループ	6,000	4,500

① 0　② 1,000　③ 3,500　④ 4,500　⑤ 5,000

解説

減損会計の4つの適用ステップ（①資産のグルーピング、②減損の兆候の把握、③減損損失の認識の判定、④減損損失の測定）に沿って処理を行う。

① 資産のグルーピング

資料においてA、B、Cと資産グループが示されていることからそれぞれについて減損の兆候の把握を行う。

② 減損の兆候の把握

資料に減損の兆候ありと記載されている資産グループAとCについて減損損失の認識の判定を行う。

③　減損損失の認識の判定

　　AおよびC資産グループから得られる割引前将来キャッシュ・フローの総額は、いずれも帳簿価額を下回っているので減損損失を認識すべきであると判定される。

（A資産グループ）

割引前将来キャッシュ・フローの総額7,500＜帳簿価額8,000＝建物2,000＋土地6,000

（C資産グループ）

割引前将来キャッシュ・フローの総額4,000＜帳簿価額5,000＝建物2,000＋土地3,000

④　減損損失の測定

　　AおよびC資産グループについては、帳簿価額を回収可能額（資産グループの正味売却価額と使用価値のいずれか高い金額）まで減額し、その減少額を減損損失として計上することになる。

　　A資産グループの回収可能額は7,000（正味売却価額1,000＜使用価値7,000）であるから帳簿価額8,000を減額し、その減少額1,000を減損損失として計上する。

　　C資産グループの回収可能額は6,000（正味売却価額6,000＞使用価値4,500）であり、帳簿価額5,000を上回っていることから減損損失は計上しない。

　　よって、当期の減損損失の金額は、A資産グループから生じる1,000である。

問題24 固定資産の資産グループの構成と損失の測定

次の〈資料〉により、当期末の貸借対照表に計上する建物の帳簿価額を計算し、正しい数値を選びなさい。（単位：省略）

〈資料〉

(1) D資産グループは、他の資産グループから独立したキャッシュ・フローを生み出す最小の単位であり、当期末において減損の兆候が存在する。なお、減損損失を計上する場合には、減損損失の金額を帳簿価額の比率により配分する。

(2) D資産グループの当期末の状況

①帳簿価額（減価償却後）

建物	105,000
工具器具備品	27,000
車両	45,000

②その他のデータ

割引前将来キャッシュ・フロー	168,150
正味売却価額	141,600
使用価値	123,900

① 21,000　② 73,500　③ 84,000　④ 99,750　⑤ 105,000

解説

帳簿価額の計算過程は次のようになる。

① 減損損失の認識の判定
② 減損損失の測定
③ 減損損失の配分
④ 帳簿価額の算定

それぞれ計算過程を示すと次のようになる。

① 減損損失の認識の判定

減損の兆候があり、割引前将来キャッシュ・フローの総額が帳簿価額を下回る場合に減損損失を認識する。

割引前将来キャッシュ・フロー168,150＜帳簿価額177,000＝建物105,000＋工具器具備品27,000＋車両45,000

⇒減損損失を認識する。

② 減損損失の判定

　　使用価値123,900＜正味売却価額141,600

　　よって、回収可能価額（正味売却価額）141,600まで帳簿価額を減額する。

③ 減損損失の配分

　　減損損失の額35,400＝帳簿価額177,000－回収可能価額141,600

　建物に配分される減損損失21,000＝減損損失の額35,400×建物帳簿価額105,000÷帳簿価額177,000

④ 減損処理後の建物の帳簿価額

　　減損処理前帳簿価額105,000－建物に配分される減損損失21,000＝84,000

問題 25　資産除去債務

次の〈資料〉により、甲社が取得した設備Aについて当期末の資産除去債務と帳簿価額の金額を計算し、正しいものの組み合わせを選びなさい。当期の会計期間はX2年4月1日〜X3年3月31日であり、甲社の会計期間は1年間で3月決算の会社である。なお、計算にあたって端数が出る場合は、計算のつど千円未満を四捨五入すること。（例）12.6千円→13千円

〈設備Aに関する資料〉
- 取得価額：30,000千円
- 取得日（使用開始日）：X1年4月1日
- 設備Aは使用後に除去する法的義務があり、除去のために要する支出の取得時の見積額は2,000千円である。なおこの見積額はX3年3月31日時点でも変わっていない。
- 減価償却方法：耐用年数5年、残存価額ゼロ、定額法
- 割引率：3.0%

① 資産除去債務：1,777千円、設備Aの帳簿価額：24,000千円
② 資産除去債務：1,777千円、設備Aの帳簿価額：25,380千円
③ 資産除去債務：2,000千円、設備Aの帳簿価額：18,000千円
④ 資産除去債務：1,830千円、設備Aの帳簿価額：18,930千円
⑤ 資産除去債務：1,830千円、設備Aの帳簿価額：19,035千円

解説

資産除去債務とは、有形固定資産の取得、建設、開発または通常の使用によって生じる、その固定資産の除去に関して法令または契約で要求される法律上の義務等をいう。

資産除去債務の会計処理は、資産除去債務を負債として計上するとともに、対応する除去費用を有形固定資産の取得原価に算入し、減価償却の方法によって各期に費用配分する。資産除去債務は、発生時にその有形固定資産の除去に要する将来キャッシュ・フローを見積り、割引後の金額で算定する。

金額の計算過程を示すと次のようになる。

取得時（X1年4月1日）の資産除去債務計上額

$$\frac{2,000}{(1.03)^5} = 1,725.2 \rightarrow 1,725 千円$$

X2年3月31日（決算日）における金額

時の経過による資産除去債務の計上額：$1,725 \times 0.03 = 51.75 \rightarrow 52$千円

減価償却費計上額：$\dfrac{30,000}{5} + \dfrac{1,725}{5} = 6,345$千円

資産除去債務の金額：$1,725 + 52 = 1,777$千円

設備Aの帳簿価額 $= 30,000 + 1,725 - 6,345 = 25,380$千円

X3年3月31日（決算日）における金額

時の経過による資産除去債務の計上額：$(1,725 + 52) \times 0.03 = 53.31 \rightarrow 53$千円

減価償却費計上額：$\dfrac{30,000}{5} + \dfrac{1,725}{5} = 6,345$千円

資産除去債務の金額：$1,777 + 53 = 1,830$千円

設備Aの帳簿価額 $= 30,000 + 1,725 - 6,345 - 6,345 = 19,035$千円

問題 26　研究開発費①

次の文章について、正誤の組み合わせとして正しいものを選びなさい。

> (ア) 各会計期間に発生する研究開発費は、発生時に一般管理費として処理するが、一定の条件を満たす場合は当期製造費用に算入することができる。
>
> (イ) 研究開発費の開示に当たっては、当期に発生した研究開発費として、一般管理費及び当期製造費用に計上した額を総額で有価証券報告書に注記する。
>
> (ウ) 開発費は、原則として、支出時に売上原価または販売費及び一般管理費として処理する。
>
> (エ) 特定の研究開発目的のみに使用され、他の目的に使用できない機械装置を取得した場合は、取得時に固定資産として計上し、研究期間にわたって減価償却を行う。

① (ア)正　(イ)誤　(ウ)誤　(エ)誤
② (ア)正　(イ)誤　(ウ)誤　(エ)正
③ (ア)誤　(イ)正　(ウ)誤　(エ)誤
④ (ア)正　(イ)正　(ウ)正　(エ)誤
⑤ (ア)正　(イ)誤　(ウ)正　(エ)正

解説

選択肢について解説すると次のようになる。

(ア) 研究開発費は、発生時には将来の収益を獲得できるかどうか不明でありその獲得が確実とはいえないため発生時に費用処理する。よって正しい。

(イ) 研究開発は、将来の企業の収益性を左右する重要な要素であり支出も多額にわたるため重要な投資情報としてその金額等が開示される。よって正しい。

(ウ) 開発費、創立費、開業費、株式交付費、社債発行費・新株予約権発行費は支出時に使用処理するのが原則であるが、将来にわたり支出の効果が発現すると期待される場合は、繰延資産に計上して償却手続きを通じて配分することができる。よって正しい。なお、開発費は新技術または新経営組織の採用等の支出をいい、経常性のある研究開発費とは区別される。

(エ) 特定の研究開発目的のみに使用され、他の目的に使用できない機械装置を取得した場合は、取得時に研究開発費として処理する。よって誤り。

④　答解

研究開発費②

次の文章について、正誤の組み合わせとして正しいものを選びなさい。

> (ア) 有価証券報告書の「提出会社の状況」において、研究開発活動の状況および研究開発費の金額を、事業の種類別セグメントに関連付けて記載しなければならない。
>
> (イ) 研究開発費は、発生時に費用として処理することが適当であり、いかなる場合も資産に計上することは認められない。
>
> (ウ) 研究開発費には、研究開発のために費消されたすべての原価が含まれる。

① (ア)誤 (イ)正 (ウ)正

② (ア)誤 (イ)誤 (ウ)正

③ (ア)正 (イ)正 (ウ)誤

④ (ア)正 (イ)誤 (ウ)誤

⑤ (ア)誤 (イ)正 (ウ)誤

解説

誤っている選択肢について解説すると次のようになる。

(ア) 研究開発は、企業の経営方針や将来の収益予測に関する重要な投資情報であることから、有価証券報告書の「事業の状況」において、研究開発活動の状況および研究開発費の金額を、事業の種類別セグメントに関連付けて記載しなければならない。

(イ) 研究開発費は発生時に費用として処理を行うが、企業結合により受け入れた研究開発の途中段階の成果については、分離して譲渡可能な無形資産として識別され、資産計上される場合がある。また、当期製造費用に算入した場合は、期末に棚卸資産に配分される場合がある。

よって(ウ)が正しい。

> 研究とは、新しい知識の発見を目的とした計画的な調査および探究をいい、開発とは、新しい製品・サービス・生産方法を著しく改良するための計画もしくは設計として、研究の成果その他の知識を具体化することをいう。

問題 28 財務諸表における表示区分

次の文章について、正しいものの組み合わせを選びなさい。

(ア) 自己株式は、貸借対照表の純資産の部の株主資本の「資本準備金」に含めて表示される。

(イ) 貸倒引当金を貸借対照表に表示する場合は、貸倒引当金（貸倒見積額）を債権の金額から直接控除し、貸倒見積額を注記する。前述した方法以外の表示方法は認められない。

(ウ) 為替換算調整勘定は、在外子会社の貸借対照表項目を円換算するときに計上される換算差額であり、連結財務諸表に固有の項目である。

(エ) のれん償却額は、連結損益計算書では販売費及び一般管理費の区分に表示される。

(オ) 退職給付に係る調整累計額は、連結包括利益計算書のその他の包括利益の項目に表示される。

① アイ　② アエ　③ イウ　④ ウエ　⑤ エオ

解説

誤っている選択肢について解説すると次のようになる。

(ア) 自己株式は、貸借対照表の純資産の部における株主資本の末尾に一括して控除する形式で表示される。

(イ) 貸倒引当金を貸借対照表に表示する場合、貸倒引当金（貸倒見積額）を債権の金額から直接控除し、貸倒見積額を注記する方法と、対象となる債権の金額から引当金残高を間接控除し、差額を貸借対照表に計上する方法と2つの方法がある。

(オ) 退職給付に係る調整累計額は、連結貸借対照表の「その他の包括利益累計額」の内訳項目として表示される。

よって(ウ)、(エ)が正しい。

退職給付引当金

次の〈資料〉により、退職給付引当金の当期末残高を計算し、正しい数値を選びなさい。（単位：百万円）

〈資料〉
- 当期首時点の評価額：退職給付債務額2,000百万円、年金資産評価額1,500百万円、未認識数理計算上の差異（有利差異、全額前期に発生）200百万円、未認識過去勤務債務（不利差異）300百万円
- 当期の勤務費用150百万円、割引率4％、期待運用収益率3％、数理計算上の差異は発生の翌年から10年間で均等償却し、過去勤務債務は発生の翌年から15年間で均等償却する。
- 当期における年金資産からの年金給付支払い額300百万円、掛金拠出額150百万円
- 期末時点の評価額（一部）：年金資産評価額1,000百万円

① 355　　② 415　　③ 435　　④ 475　　⑤ 595

解説

計算過程を示すと次のようになる。

1. 退職給付引当金期首残高400＝退職給付債務期首残高2,000－年金資産期首残高1,500＋未認識数理計算上の差異200－未認識過去勤務債務300
2. 退職給付費用185＝勤務費用150＋利息費用80（2,000×4％）－数理計算上の差異当期償却額20（200÷10）＋過去勤務差異当期償却額20（300÷15）－年金資産の期待運用収益45（1,500×3％）
3. 退職給付引当金当期純増加額35＝退職給付費用185－掛金拠出額150
4. 退職給付引当金期末残高435＝期首残高400＋当期純増加額35

なお、年金資産からの年金給付額は、退職給付債務と年金資産が同時に減少するため、退職給付引当金の金額には影響しない。また、当期末の年金資産残高の予測値と実際の評価額との差額は、当期に発生した数理計算上の差異となる。

年金資産残高予測値1,395＝年金資産期首残高1,500＋期待運用収益45＋掛金拠出額150－退職後従業員への年金支払額300

当期に発生した数理計算上の差異（不利差異）395＝年金資産残高予測値1,395－年金資産期末評価額1,000

解答　③

30 退職給付に係る調整累計額

次の〈資料〉により、連結貸借対照表上の退職給付に係る調整累計額の金額を計算し、正しい数値を選びなさい。

〈資料〉
・期首時点の評価額：退職給付債務額3,000百万円、年金資産評価額1,000百万円、
　未認識数理計算上の差異（不利差異、前期末に全額発生）200百万円
・当期の勤務費用500百万円、割引率２％、長期期待運用収益率３％、
・掛金拠出額50百万円
・当期末に新たに発生した数理計算上の差異105百万円（不利差異）
・法定実効税率30％
　なお、未認識数理計算上の差異は、発生時の翌年から８年で均等償却する。

① 84百万円　　② 90百万円　　③ 196百万円　　④ 210百万円
⑤ 300百万円

解説

退職給付債務の金額は企業が将来従業員に支給する退職給付の現在価値を表すが、数理計算上の差異や過去勤務費用に未認識額がある場合、退職給付引当金の金額が積立不足額（退職給付債務－年金資産）と一致しない。その場合には、未認識額に税効果を調整した金額が連結包括利益計算書に退職給付に係る調整額（その他の包括利益）として計上され、その他の包括利益を通じて、連結貸借対照表の純資産の部に退職給付に係る調整累計額として計上される。

計算過程を示すと次のようになる。

前期末に発生した期首未認識数理計算上の不利差異が200あるが、「未認識数理計算上の差異は、発生時の翌年から８年で均等償却する。」とあり、当期中に25償却されている。また当期末に新たに発生した数理計算上の不利差異が105あるため、これらに法定実効税率30％を加味して税効果を調整した金額が退職給付に係る調整累計額の金額として連結貸借対照表の純資産の部にマイナス計上される。

退職給付に係る調整累計額196＝（期首未認識数理計算上の差異200－当期償却25＋当期末に新たに発生した数理計算上の差異105）×（１－法定実効税率30％）

Ⓒ 呆搬

39

新株予約権の行使計算

次の〈資料〉により、当期末までに新株予約権の行使により増加した資本金の額および当期末の新株予約権の金額を計算し、正しい数値の組み合わせを選びなさい。

〈資料〉
・新株予約権の発行総数：100個　・新株予約権の払込金額：1個につき100円
・新株予約権の目的たる株式の数：1個につき10株
・行使価額：1株につき4,000円
・新株予約権の行使の際の払込金額：1個につき40,000円（1株につき4,000円）
・上記新株予約権のうち60個が行使され払込金額が当座預金に払い込まれたため、新株を発行し資本金、資本準備金に2分の1ずつ組み入れた。
・上記新株予約権のうち20個が行使期限を終了したが、権利行使していない。

① 資本金：1,203,000円、新株予約権：3,000円
② 資本金：1,203,000円、新株予約権：2,000円
③ 資本金：2,406,000円、新株予約権：3,000円
④ 資本金：2,406,000円、新株予約権：2,000円
⑤ 資本金：2,406,000円、新株予約権：3,000円

解説

新株予約権の行使に伴って発行される株式の対価には、新株予約権の行使に伴う払込金額だけではなく、行使された新株予約権の発行に伴う払込金額も含まれる。本問の場合はその半額を資本金に組み入れたため、当期末までに新株予約権の行使により増加した資本金の額は次のようになる。

増加した資本金の額1,203,000円＝（行使された新株予約権60個×新株予約権1個当たりの株式10株×行使の際の1株当たりの払込金額4,000円＋行使された新株予約権60個×新株予約権発行に伴う1個当たりの払込金額100円）÷2

また新株予約権が行使されずに権利行使期間が終了して失効したときには、失効した新株予約権相当額の新株予約権戻入益を計上する。したがって、当期末新株予約権の金額は次のようになる。

期末の新株予約権の金額2,000円＝（新株予約権発行総数100個－行使された新株予約権60個－失効した新株予約権20個）×新株予約権発行に伴う1個当たりの払込金額100円

正解　②

問題 32　ストック・オプション①

次の文章について、正しいものの組み合わせを選びなさい。

(ア)　ストック・オプションを付与し、それに応じて取得したサービスは、その取得に応じて費用計上し、対応する金額を貸借対照表の純資産の部に新株予約権として計上する。

(イ)　ストック・オプションの付与によって各会計期間に計上される費用の総額は、付与日におけるストック・オプションの公正な評価単価にストック・オプション数を乗じた金額である。

(ウ)　新株予約権のうち、権利不行使による失効分については、対応する金額をその他資本剰余金に振り替える。

(エ)　ストック・オプションとは、企業がその従業員等に報酬として付与する自社株式オプションをいう。自社株式オプションとは、自社の株式を原資産とするコール・オプションのことである。

① アイ　　② アエ　　③ イウ　　④ イエ　　⑤ ウエ

解説

　誤っている選択肢について解説すると次のようになる。

(イ)　各会計期間に計上される報酬費用の総額は、付与日におけるストック・オプションの公正な評価単価にストック・オプションの権利確定数を乗じた金額である。

(ウ)　権利不行使による失効が生じた場合には、当該失効に対応する金額を利益として計上する。

　　よって(ア)、(エ)が正しい。

> 　ストック・オプションでは、あらかじめ定められた価格であらかじめ定められた株式の数の購入選択権が付与される。よって株価上昇により価値が増大するため、ストック・オプションは株価連動報酬制度ともいわれる。

② 答解

33 ストック・オプション②

次の〈資料〉により、ストック・オプションの付与により計上されるX2年度（X2年4月1日〜X3年3月31日）の報酬費用の額として、正しい数値を選びなさい。

〈資料〉

当社（3月決算）は、X0年6月15日の株主総会で、取締役および従業員に対してストック・オプションを付与することを決議し、同年7月1日に1株当たりの行使価額を23万円とするストック・オプションを200個（1個につき普通株式1株）付与した。権利確定日であるX2年6月30日の直前に20個が失効し、残りの180個についてX2年7月1日に権利行使された。株価およびストック・オプションの公正な評価単価は、次のとおりである。

	株価（万円）	ストック・オプションの公正な評価単価（万円）	ストック・オプションの未行使数（個）
決議日	22	2	―
付与日	23	3	200
権利確定日	25	4	180
行使日	28	―	―

① 10　　② 15　　③ 75　　④ 195　　⑤ 720

解説

各会計期間に計上される報酬費用の総額は、付与日におけるストック・オプションの公正な評価単価3万円にストック・オプションの権利確定数を乗じた金額である。各年度に計上される報酬費用の額は、次のようになる。

X0年度：225万円＝3万円×200個÷付与日から権利確定日までの月数24月×付与日から当期末日までの月数9月

X1年度：300万円＝3万円×200個÷付与日から権利確定日までの月数24月×付与日から当期末日までの月数21月－X0年費用計上額225万円

X2年度：15万円＝付与日の公正な評価単価3万円×権利確定数180個－X0年費用計上額225万円－X1年度費用計上額300万円

ストック・オプションを付与し、それに応じて取得したサービスは、その取得に応じて費用計上し、対応する金額を貸借対照表の純資産の部に新株予約権として計上する。

権利確定しなかった部分については、付与数から権利不確定による失効数を控除した数で計算を行う必要がある。

② 答解

問題 34　純資産の部の構成内容

次の文章について、正誤の組み合わせとして正しいものを選びなさい。

(ア)　自己株式処分差損と自己株式消却損は、資本準備金から減額し、自己株式処分差益はその他資本準備金を増額させる。
(イ)　包括利益のうち当期純利益に含まれない部分を、その他の包括利益という。
(ウ)　連結貸借対照表の純資産の部において、資本剰余金の内訳は表示されない。
(エ)　資本剰余金と利益剰余金は、払込資本と留保利益の混同を避けるため会計基準上区分されている。

① (ア)正　(イ)誤　(ウ)誤　(エ)誤
② (ア)正　(イ)誤　(ウ)誤　(エ)正
③ (ア)誤　(イ)正　(ウ)誤　(エ)正
④ (ア)誤　(イ)正　(ウ)正　(エ)正

解説

誤っている選択肢について解説すると次のようになる。

(ア)　自己株式処分差損と自己株式消却損は、その他資本剰余金から減額し、自己株式処分差益はその他資本剰余金に計上する。その結果、会計期間末にその他資本剰余金がマイナス残高となった場合は、会計期間末にその他利益剰余金で補填する。
よって(イ)、(ウ)、(エ)が正しい。

連結貸借対照表における純資産の部は大きく4つに区分され、
純資産＝株主資本＋その他の包括利益累計額＋新株予約権＋非支配株主持分
となる。
また連結株主資本等変動計算書で示されるその他の包括利益累計額の期中変動額は、
その他の包括利益累計額の期中変動額＝その他有価証券評価差額金の期中変動額＋繰延ヘッジ損益＋為替換算調整勘定の期中変動額＋退職給付に係る調整累計額
として示される。

解答　④

次の文章について、正しいものの個数を選びなさい。

(ア) 収益を認識するには、まず履行義務を識別し、識別後において財またはサービスを顧客に移転する顧客との契約を識別する。

(イ) 企業が本人に該当するときには、対価の総額を収益として認識する。一方、企業が代理人に該当するときには、報酬または手数料の金額を収益として認識する。

(ウ) 履行義務の充足が一時点の場合は一時点で収益を認識するが、一定期間にわたる場合でも一時点で収益を計上することができる。

(エ) 一時点で充足される履行義務に関する取引については、約束した財またはサービスに対する支配が顧客に移転した時点で収益を計上する。

① 0　　② 1つ　　③ 2つ　　④ 3つ　　⑤ 4つ

解説

選択肢について解説すると次のようになる。

(ア) 収益を認識するには、まず顧客との契約を識別し、識別後において財またはサービスを顧客に移転する履行義務を識別する。よって誤り。

(イ) 顧客への財またはサービスの提供に他の当事者が関与している場合において、顧客との約束が当該財またはサービスを企業が自ら提供する履行義務であると判断され、企業が本人に該当するときには、当該財またはサービスの提供と交換に企業が権利を得ると見込む対価の総額を収益として認識する。顧客との約束が当該財またはサービスを当該他の当事者によって提供されるように企業が手配する履行義務であると判断され、企業が代理人に該当するときには、他の当事者により提供されるように手配することと交換に企業が権利を得ると見込む報酬または手数料の金額を収益として純額で認識する。よって正しい。

(ウ) 基本的な考え方は、約束した財またはサービス(以下「資産」と記載することもある)を顧客に移転することによって履行義務を充足した時にまたは充足するにつれて収益を認識する、と整理される。履行義務の充足が一時点の場合は一時点で収益を認識するし、一定期間にわたる場合は履行義務の進捗度に従い収益を計上する。よって誤り。

(エ) 支配の移転時点検討の考慮事項として、資産に対する支配がいつ移転したかについては、例えば、対価の収受する権利、法的所有権、物理的占有、リスクを負い経済価値を享受、資産の検収等の指標を検討する。よって正しい。

⑧　答稱

問題 36　外貨換算①

次の文章について、誤っているものの組み合わせを選びなさい。

> (ア) 外貨建売買目的有価証券は、決算時の為替相場により換算される。
>
> (イ) 外貨建満期保有目的債券は、取得時の為替相場により換算される。
>
> (ウ) 外貨建子会社株式および外貨建関連会社株式は、取得時の為替相場により換算される。
>
> (エ) 外貨建その他有価証券は、決算時の為替相場により換算される。
>
> (オ) 時価のある外貨建有価証券についての評価減の判断は、外貨建ての時価ではなく、円換算後の時価で行われる。

① アイ　　② イエ　　③ イオ　　④ ウオ　　⑤ エオ

解説

　誤っている選択肢について解説すると次のようになる。

(イ)　外貨建満期保有目的債券は、時価評価は行わないが、取得価額（償却原価法を適用している場合には償却原価）を決算時の為替相場で換算する。

(オ)　評価減の判断にあたっては為替変動の影響を加味することは妥当でないため、円換算後の金額ではなく外貨建の金額で判断する。

　よって(ア)、(ウ)、(エ)が正しい。

外貨建その他有価証券の処理

　外貨建その他有価証券の評価差額は原則として、外国通貨による時価を決算時の為替相場で換算した金額から取得原価を控除することで算出される。

　ただし、債券を外貨建その他有価証券として保有している場合については、外国通貨による時価を決算時の為替相場で換算した金額のうち、外国通貨による時価変動に係る換算差額を評価差額とし、それ以外の換算差額については為替差損益として処理することができる。

外貨換算②

次の〈資料〉により、当期末の為替換算調整勘定の金額を計算し、正しい数値を選びなさい。

〈資料〉

当期首においてP社は、活動エリア拡大のため米国にS社を設立した。

P社の情報
S社への出資額　　　　　　1,000ドル
S社の情報
期末時点の貸借対照表金額は以下のとおりである。
現金　　　　　　　　　　　200ドル
建物　　　　　　　　　　　900ドル
買掛金　　　　　　　　　　100ドル
資本金　　　　　　　　　1,000ドル
為替レート
出資時のレート　　　　　100円／ドル
期中平均レート　　　　　115円／ドル
期末時のレート　　　　　120円／ドル

① 0円　　② 5,000円　　③ 10,000円　　④ 15,000円　　⑤ 20,000円

解説

在外子会社の換算に関する問題と、在外支店の換算に関する問題がある。同じ海外の拠点であっても、組織形態が子会社であるか支店であるかによって換算方法が異なっている点について留意いただきたい。

⇒本問はS社の換算であるため在外子会社の換算である。

為替換算調整勘定の計算過程を示すと次のようになる。

資産（現金200ドル＋建物900ドル）×120円／ドル－買掛金100ドル×120円／ドル－資本金（1,000ドル）×100円／ドル＝20,000円

在外子会社の財務諸表項目の換算は、資産・負債項目は期末日レート、純資産項目は発生時のレートで換算される。

解答　⑤

問題 38　外貨換算③

次の〈資料〉により、当期の為替差損益の金額を計算し、正しい数値を選びなさい。

〈資料〉

当社は米国に在外支店を有しており、当該支店に関する情報は次のとおりである。

貸借対照表項目

現金	100ドル
建物	250ドル
買掛金	100ドル
利益剰余金（当期純利益）	50ドル
本店	200ドル

損益計算書項目

売上	600ドル
外部仕入	300ドル
本店仕入	100ドル
建物減価償却費	150ドル
当期純利益	50ドル

その他の情報

売上高、外部仕入高は期中平均レート115円/ドルで換算する。なお、建物の取得時レートは110円/ドルであった。また、決算日レートは120円/ドルであった。

本店における支店勘定は22,500円であり、支店売上勘定は11,000円であった。

①為替差損：2,000円
②為替差益：2,000円
③為替差損：6,000円
④為替差益：6,000円

　為替差損益の計算過程を示すと次のようになる。

　換算手順として、在外支店の場合はまず貸借対照表を換算し、円換算後の貸借差額で当期純利益を算出する。その後、損益計算書を換算し為替差損益を算出する。

　なお、本店勘定および本店仕入勘定は、本店の持つ支店勘定および支店売上勘定と一致する。

当期純利益：$\{$(現金100ドル×120円／ドル)＋(建物250ドル×110円／ドル)$\}$－(買掛金100ドル×120円／ドル)－本店における支店勘定22,500円＝5,000円

為替差損益：(売上高600ドル×115円／ドル)－(外部仕入300ドル×115円／ドル)－本店における支店売上勘定11,000円－(減価償却費150ドル×110円／ドル)－当期純利益5,000円＝2,000円

　在外子会社は本国の事業体とは独立した事業体としての性格が強いことから、現地の経済活動をそのまま反映させるよう換算が行われる（現地主義）。一方で在外支店は本国の事業体の一部であることから、本国の事業体が直接海外と取引を行った場合と同じ結果になるように換算が行われる（本国主義）。

　なお、在外子会社と在外支店の換算時に適用されるレートは以下のとおりである。

	財務諸表項目の換算方法	換算差額の処理
在外支店	原則、本店と同様	当期の為替差損益
在外子会社等 （在外子会社、関連会社）	〈決算日レート法〉 ・資産、負債：決算日レート ・純資産：取得時、発生時レート ・収益、費用：原則、期中平均レート 　　　　　　※決算日レートも可	その他の包括利益

問題

39　リース会計①

リース取引の借手側の会計処理に関する次の文章について、正しいものの適切な組み合わせを選びなさい。

(ア)　ファイナンス・リース取引のうち、売買処理を行うのは所有権移転の場合であり、所有権移転外については賃貸借処理を採用しなければならない。
(イ)　所有権移転外ファイナンス・リース取引では、リース契約1件あたりのリース料総額が300万円以下の場合は、賃貸借処理を採用することができる。
(ウ)　ファイナンス・リース取引に係るリース資産の減価償却費は、すべて自己所有の固定資産に適用する減価償却方法と同一の方法により算定する。
(エ)　所有権移転外ファイナンス・リースについて、利息相当額の各期への配分方法は原則として利息法による。

①　アウ　　②　アエ　　③　イウ　　④　イエ　　⑤　ウエ

解説

誤っている選択肢について解説すると次のようになる。

(ア)　ファイナンス・リース取引の場合、原則として、所有権移転のみならず所有権移転外の場合も売買処理を採用しなければならない。
(ウ)　ファイナンス・リース取引のうち、所有権移転外ファイナンス・リース取引に係るリース資産の減価償却費は、原則としてリース期間を耐用年数とし、残存価額をゼロとして算定する。なお、所有権移転ファイナンス・リース取引に係るリース資産の減価償却費は、自己所有の固定資産に適用する減価償却方法と同一の方法により算定する。

よって(イ)、(エ)が正しい。

リースは、賃貸人がリース料を収受して、契約期間中、資産の使用権を賃借人に移転する契約である。賃借人がリース会社から資産の購入資金のため融資を実質的に授ける金融的な取引をファイナンス・リース取引という。

リース会計②

次の〈資料〉により、当期首に計上されるリース資産と当期の減価償却費の合計金額を計算し、正しい数値を選びなさい。なお、計算にあたって端数が出る場合は、計算のつど千円未満を四捨五入すること。（例）12.6千円→13千円

〈資料〉
リース取引の概要
・所有権移転外ファイナンス・リース取引
・リース期間：5年
・借手の見積現金購入価額30,000千円（貸手の物件購入価額と等しいが、借手において当該価額は明らかではない）
・リース料：年額7,200千円、支払は期末、リース料総額36,000千円
・リース物件の経済的耐用年数7年
・減価償却方法：定額法
・借手の追加借入利子率　年1.8%（貸手の計算利子率を借手は知りえない）
・リース料総額を借手の追加借入利子率で割り引いた現在価値：34,134千円

① 34,286千円　　② 36,000千円　　③ 40,134千円　　④ 41,000千円

解説

計算過程を示すと次のようになる。

所有権移転外ファイナンス・リース取引において、貸手の購入価額が明らかではない場合には、リース資産の計上額は以下の(ア)と(イ)のいずれか低い額となる。

(ア)リース料を所定の割引率（貸手の計算利子率を知る得る場合には当該利率、知り得ない場合には借手の追加借入に適用されると合理的に見積もられる利率）で割り引いた現在価値。

(イ)見積現金購入価額。

本問では(イ)の方が低いため、当期首に計上されるリース資産は30,000千円となる。

また、所有権移転外ファイナンス・リース取引の場合、耐用年数はリース期間とし、残存価額をゼロとして算定するため、当期の減価償却費は30,000千円÷5年＝6,000千円となる。

② 　答解

問題 41　税効果会計①

次の文章について、誤っているものの組み合わせを選びなさい。

> (ア) 税効果会計には、繰延法と資産負債法という2つの考え方があるが、現行の制度では資産負債法が採用されている。
>
> (イ) 連結貸借対照表において、繰延税金資産および繰延税金負債は同一の納税主体ごとに相殺して表示しなければならない。
>
> (ウ) 繰延税金資産の計上額は、将来の回収の見込みについて毎期見直しを行わなければならない。
>
> (エ) 一時差異とは、貸借対照表に計上されている資産および負債の金額と課税所得計算上の資産および負債の金額との差額であり、繰越欠損金は一時差異の定義には当てはまらないため税効果会計の対象外である。
>
> (オ) 法人税等について税率の変更があったことにより繰延税金資産および繰延税金負債の金額を修正した場合の修正差額は常に法人税等調整額に加減して処理しなければならない。

① アイ　　② アオ　　③ イウ　　④ イエ　　⑤ エオ

解説

　誤っている選択肢について解説すると次のようになる。

(エ) 繰越欠損金は一時差異の定義には該当しないものの、欠損金の繰越期間に生じた課税所得を減額するという点で一時差異と同様の効果を有するため、税効果会計の対象となる。

(オ) その他有価証券評価差額金等の時価の変動による資産の評価替えや税率の変更により生じた評価差額が、直接資本の部に計上される場合においては、修正差額は法人税等調整額ではなく、評価差額に加減して処理しなければならない。

　よって(ア)、(イ)、(ウ)が正しい。

税効果会計②

次の〈資料〉により、当期に計上される法人税等調整額の金額として正しいものを選びなさい。なお、法定実効税率は30%とし、金額の単位は百万円である。また、繰延税金資産の回収可能性に問題はないものとする。

〈資料〉

一時差異項目	金額
棚卸資産評価損の損金不算入額	20
減価償却費の損金算入限度超過額	10
退職給付引当金の損金算入限度超過額	20
その他有価証券の評価益の益金不算入額	30
100%国内子会社から受領した配当金の益金不算入額	40
法人税、住民税および事業税を減額させる場合は△で表す。	

① △15　　② △6　　③ △3　　④ 15

解説

法人税等調整額＝（棚卸資産評価損の損金不算入額20＋減価償却費の損金算入限度超過額10＋退職給付引当金の損金算入限度超過額20）×30％＝15

その他有価証券の評価益は損益として計上されず、純資産に直接計上されるものであり法人税等調整額は発生しない。

また、受取配当金の益金不算入額は、永久差異であるため、税効果会計の対象とならない。

繰延税金資産のうち、回収可能性がないと会社が判断した金額を評価性引当額という。

繰延税金資産は、将来減算一時差異のうち、将来の税負担が軽減されると認められる範囲で計上が認められる資産であるが、将来の税負担の軽減が認められない将来減算一時差異については評価性引当額として注記する必要がある。

解答　④

43　会計方針の変更と遡及修正

次の文章について、誤っているものの組み合わせを選びなさい。

> (ア)　会計方針を変更した場合、原則として新たな会計方針を過去の期間のすべてに遡及適用する。
>
> (イ)　会計上の見積りの変更を行った場合、原則として過去の期間のすべての見積りを遡及して修正する。
>
> (ウ)　会計方針の変更に伴って表示方法の変更が行われた場合は、会計方針の変更として扱う。
>
> (エ)　会計処理の対象となる新たな事実の発生に伴い新たな会計方針を適用した場合、会計方針の変更に該当する。
>
> (オ)　キャッシュ・フロー計算書における資金の範囲の変更は、会計方針の変更として取り扱う。

①　アイ　　②　アウ　　③　イエ　　④　ウオ　　⑤　エオ

解説

　誤っている選択肢について解説すると次のようになる。

(イ)　会計方針の変更の場合とは異なり、会計上の見積りの変更は新しい情報によってもたらされるものであるという認識から、その影響は将来に向けて認識すると考えられているため過去には遡及しない。

(エ)　新たな会計方針の適用は、会計方針の変更ではなく会計方針の採用であるため、会計方針の変更には該当しない。

　よって(ア)、(ウ)、(オ)が正しい。

　会計上の変更及び誤謬の訂正に関する会計基準によると、「会計方針の変更」とは、従来採用していた一般に公正妥当と認められた会計方針から他の一般に公正妥当と認められた会計方針に変更することをいう。

　「表示方法の変更」とは、従来採用していた一般に公正妥当と認められた表示方法から他の一般に公正妥当と認められた表示方法に変更することをいう。

　「会計上の見積りの変更」とは、新たに入手可能となった情報に基づいて、過去に財務諸表を作成する際に行った会計上の見積りを変更することをいう。

　上記を総称して「会計上の変更」という。

解答　③

1株当たり情報①

次の文章について、誤っているものの組み合わせを選びなさい。

(ア) 潜在株式が存在するが希薄化効果を有しない場合でも潜在株式調整後1株当たり当期純利益を開示する。

(イ) 当期中に株式分割が行われた場合、1株当たり当期純利益の算定上、普通株式の期中平均株式数は、表示する財務諸表のうち最も古い期間の期首に当該分割が行われたと仮定する。

(ウ) 1株当たり純資産額は、普通株式に係る期末の純資産額を期中平均株式数で除して算定する。

(エ) 損益計算書上に当期純損失が計上されている場合でも1株当たり当期純損失を開示しなければならない。

(オ) 1株当たり当期純利益は、普通株式に係る当期純利益を普通株式の期中平均株式数で除して算定するため、普通株主に帰属しない優先株式に対する剰余金の配当は当期純利益から控除して計算する。

① アイ　　② アウ　　③ イエ　　④ ウオ　　⑤ エオ

解説

誤っている選択肢について解説すると次のようになる。

(ア) 潜在株式が存在するが希薄化効果を有しない場合は、その旨を開示するのみで足り、潜在株式調整後1株当たり当期純利益を開示する必要はない。

(ウ) 純資産はストック項目であるため、期中平均株式数ではなく、期末時点の発行済株式数から期末の自己株式数を控除した株式で除して算定する。

よって(イ)、(エ)、(オ)が正しい。

「潜在株式」とは、その保有者が普通株式を取得することができる権利、もしくは普通株式への転換請求権、またはこれらに準じる権利が付された証券または契約をいう。

「希薄化効果」とは、潜在株式に係る権利の行使を仮定することにより算定した1株当たり当期純利益が、1株当たり当期純利益を下回る場合をいう。

問題 45　1株当たり情報②

次の〈資料〉により、1株当たり当期純利益の金額として正しいものを選びなさい。なお、計算にあたって端数が出る場合は、計算のつど円未満の端数は小数点以下第3位を四捨五入すること。（例）12.345円→12.35円

〈資料〉
・決算期は×2年3月31日である。
・当期における普通株式の発行済株式数は3,000,000株である。
・当期における配当優先株式の発行済株式数は40,000株であった。なお、当該配当優先株式は1株につき普通株式2株に転換可能である。
・当期の当期純利益額は100,000,000円であった。
・優先配当は、当期末の配当優先株式1株当たり年40円である。

① 31.54円　② 32.05円　③ 32.32円　④ 32.80円

解説

1株当たり当期純利益の計算過程について解説すると次のようになる。

1株当たり当期純利益の算定にあたっては、普通株主に帰属しない金額については当期純利益から控除することになる。

本問では配当優先株式を発行しているため、当該株式に係る配当額を当期純利益から控除することとなる。

優先配当額1,600,000円＝@40円×40,000株

（100,000,000円−1,600,000円）÷（3,000,000株）＝32.80円

$$1株当たり当期純利益＝\frac{普通株式に係る当期純利益}{普通株式の期中平均株式数}$$

$$＝\frac{損益計算書上の当期純利益-普通株主に帰属しない金額}{普通株式の期中平均発行済株式数-普通株式の期中平均自己株式数}$$

解答　④

後発事象

次の文章について、誤っているものの組み合わせを選びなさい。

(ア) 後発事象とは、決算日後に発生した会社の財政状態、経営成績およびキャッシュ・フローの状況に影響を及ぼす会計事象をいう。

(イ) 後発事象は、開示後発事象と修正後発事象に区分される。このうち、開示後発事象とは、発生した事象の実質的な原因が決算日現在において既に存在しているため、財務諸表の修正を行う必要がある事象をいう。

(ウ) 後発事象の注記については、重要性の低い会計事象は対象とならない。

(エ) 震災等に起因する重大な損害は、会社の意思にかかわりなく蒙ることになった損失であるため後発事象の注記の対象外である。

(オ) 後発事象の注記は年度の財務諸表だけでなく、四半期財務諸表においても必要である。

① アイ   ② アウ   ③ イエ   ④ ウオ   ⑤ エオ

解説

　誤っている選択肢について解説すると次のようになる。

(イ) 開示後発事象とは、発生した事象が翌事業年度以降の財務諸表に影響を及ぼすため、財務諸表に注記を行う必要がある事象をいう。問題文(イ)の記載は修正後発事象に関する記載である。

(エ) 震災等に起因する重大な損害のように会社の意思決定にかかわらず発生する事象であっても、重要な後発事象が生じた場合は、後発事象の注記の対象となる。
　　よって(ア)、(ウ)、(オ)が正しい。

> 　注記すべき後発事象（開示後発事象）には、決算日後の災害による重大な損害の発生、多額の増減資、資金調達・返済および組織再編の決定等がある。

問題47 セグメント情報

次の文章について、誤っているものの組み合わせを選びなさい。

(ア) 新規事業を立ち上げた場合等、現時点で収益を稼得していない状態であっても事業セグメントとして認識することがある。

(イ) 単一の外部顧客への売上がどれだけ多額であっても、顧客情報流出の懸念があるため顧客に関する注記は行わない。

(ウ) 企業は、損益計算書にのれん償却額を計上している場合には、当該企業が財務諸表を作成するために採用した会計処理に基づく数値によって、その償却額および未償却残高に関する報告セグメント別の内訳をそれぞれ開示しなければならない。

(エ) 本社のように、企業を構成する一部であっても収益を稼得していないまたは付随的な収益を稼得するに過ぎない構成単位は、事業セグメントとならない。

(オ) セグメント情報は連結財務諸表だけでなく、個別財務諸表でも開示しなければならない。

---

① アウ　② アオ　③ イエ　④ イオ　⑤ エオ

解説

誤っている選択肢について解説すると次のようになる。

(イ) 単一の外部顧客への売上が、損益計算書の売上高の10％以上である場合には、当該顧客に関する情報を開示する。具体的な開示事項として、主要な顧客がいる旨、当該顧客の名称または氏名、当該顧客への売上高および当該顧客との取引に関連する主な報告セグメントの名称を開示する。

(オ) セグメント情報を連結財務諸表で開示している場合は、個別財務諸表での開示は不要である。

　よって(ア)、(ウ)、(エ)が正しい。

　セグメントを決定するにあたり、経営上の意思決定を行い、業績を評価するために、経営者が企業を事業の構成単位に分別した方法を基礎とするアプローチを、マネジメントアプローチという。

④　答解

企業結合・事業分離

次の文章について、誤っているものの組み合わせを選びなさい。

(ア) 企業結合を行うにあたり、外部のアドバイザリー等に支払った特定の報酬・手数料等は取得原価の一部を構成する。

(イ) のれんおよび負ののれんは、20年以内のその効果が及ぶ期間にわたって償却される。

(ウ) 共通支配下取引とは、結合当事企業のすべてが、企業結合の前後で同一の株主により最終的に支配され、かつ、その支配が一時的ではない場合の企業結合をいう。

(エ) 取得原価は、被取得企業から受け入れた資産および引き受けた負債のうち企業結合日時点において識別可能なものの企業結合日時点の時価を基礎として、当該資産および負債に対して1年以内に配分しなければならない。

(オ) 取得のうち、企業結合の対価として株式を交付した企業が取得企業とならない企業結合を逆取得という。

① アイ　　② アオ　　③ イエ　　④ イオ　　⑤ エオ

解説

誤っている選択肢について解説すると次のようになる。

(ア) 外部のアドバイザリー等に支払った報酬・手数料のような取得関連費用は、事業の売主と買主の間の公正な価値での交換の一部ではなく、企業結合とは別の取引と考えられるため、発生した事業年度の費用として処理する。

(イ) 負ののれんが生じると見込まれる場合には、まず、すべての識別可能資産および負債が把握されているか、また、それらに対する取得原価の配分が適切に行われているかどうかを見直し、それでもなお取得原価が受け入れた資産および引き受けた負債に配分された純額を下回り、負ののれんが生じる場合には、当該負ののれんが生じた事業年度の利益として処理する。なお、負ののれんは原則として、特別利益に表示する。また、のれんは20年以内のその効果が及ぶ期間にわたって償却する。よって(ウ)、(エ)、(オ)が正しい。

> 事業分離において、分離元企業が対価として、分離先企業の株式を取得した場合は、投資の継続として移転損益を認識しない。他の異なる対価を受領した場合は、いったん投資は清算され、移転損益を認識する。

合併時の会計処理

次の〈資料〉により、合併比率、および、のれん、の金額として適切な組み合わせを選びなさい。

〈資料〉
- A社とB社は合併した（存続企業および取得企業はA社）
- A社の企業評価額は100,000円、B社の企業評価額は60,000円であった。
  なお、A社およびB社の発行済株式数はそれぞれ500株および400株であった。
- B社の諸資産簿価60,000円（時価80,000円）
- B社の諸負債簿価40,000円（時価40,000円）
- B社株主に発行するA社株式：300株
- 合併期日におけるA社の株価：1株当たり200円
- A社は、B社株式は保有していない。

① 合併比率：0.6、　のれん：20,000円
② 合併比率：0.75、のれん：20,000円
③ 合併比率：0.6、　のれん：40,000円
④ 合併比率：0.75、のれん：40,000円

解説

合併比率およびのれんの金額について解説すると次のようになる。

合併比率は、（被合併会社の評価額÷発行済株式数）÷（合併会社の評価額÷発行済株式数）で算出される。したがって本問では下記のように計算される。

（60,000円÷400株）÷（100,000円÷500株）＝0.75

のれんの金額は、取得額－（被合併企業の諸資産時価－被合併企業の諸負債簿価）で算出される。したがって本問では下記のように算出される。

（B社株主への発行するA社株式300株×@200円）－（B社諸資産時価80,000円－B社諸負債時価40,000円）＝20,000円

② 答解

第 **4** 章

財務諸表の作成原理

要 約

　概念フレームワークは、企業会計（財務会計）の基礎にある前提や概念を体系的にまとめたものであり、個別テーマごとに設定される会計基準の概念的な基礎を提供するものである。わが国では、企業会計基準委員会から『討議資料「財務会計の概念フレームワーク』が公表されている。概念フレームワークの必要性や『討議資料「財務会計の概念フレームワーク』の構成と内容を理解することが必要である。

　また、会計基準の役割や基準設定のプロセス、IFRS（国際財務報告基準）を中心とした会計基準の国際的統合化への流れを理解する。

　有効な内部統制の確保は、企業にとって重要な課題である。内部統制の内容について理解し、財務報告にかかる内部統制の有効性の評価および内部統制監査の概要を把握する。

要 点

①概念フレームワーク
②会計基準の設定と種類
③内部統制と内部統制監査

概念フレームワーク

次の文章について、正誤の組み合わせとして正しいものを選びなさい。

(ア) 「財務会計の概念フレームワーク」は、大きく「財務報告の目的」、「会計情報の質的特性」、「財務諸表の構成要素」、「財務諸表における認識と測定」の4章で構成されている。

(イ) ディスクロージャー制度の主たる当事者として、投資家、債権者、監査人の3者を想定している。

(ウ) 財務報告の目的は、企業価値評価の基礎となる情報、つまり投資家が将来キャッシュフローを予測するのに役立つ企業成果等を開示することである。この目的を達成するにあたり、会計情報に求められる最も基本的な特性は意思決定有用性である。

(エ) 包括利益のうち投資のリスクから解放されていない部分を除き、過年度に計上された包括利益のうち期中に投資のリスクから解放された部分を控除し、非支配株主に帰属する当期純利益（少数株主損益）を加えて純利益が求められる。

---

① (ア)正　(イ)正　(ウ)誤　(エ)誤
② (ア)誤　(イ)正　(ウ)誤　(エ)正
③ (ア)誤　(イ)誤　(ウ)正　(エ)正
④ (ア)正　(イ)誤　(ウ)正　(エ)誤

解説

誤っている選択肢について解説すると次のようになる。

(イ) 財務会計の概念フレームワークでは、ディスクロージャー制度の主たる当事者として、投資家、経営者、監査人の3者を想定している。

(エ) 包括利益のうち投資のリスクから解放されていない部分を除き、過年度に計上された包括利益のうち期中に投資のリスクから解放された部分を加え（リサイクリングという）非支配株主に帰属する当期純利益（少数株主損益）を控除して純利益が求められる。

よって(ア)、(ウ)が正しい。

解答　④

問題 51　会計基準

次の文章について、正誤の組み合わせとして正しいものを選びなさい。

> (ア)　会計基準は企業の会計行動を規律づけるものであり、会計実務に対して準拠性を有するため理論的一貫性に支えられ、根拠とする理論の変化に応じて新設改廃される。
>
> (イ)　国際財務報告基準（IFRS）を基軸とした会計基準の統合化の形態には、差異縮小型、部分適用型、全部適用型の３つがある。
>
> (ウ)　企業会計基準委員会（ASBJ）は、現在日本における会計基準設定の中心的な主体であり、財務会計基準機構の一組織であり、日本公認会計士協会や経済団体連合会等の10団体が設立主体である。
>
> (エ)　企業会計基準委員会（ASBJ）により作成される会計基準は、「企業会計基準」、「企業会計基準適用指針」、「監査基準委員会報告」の３つである。

① (ア)正　(イ)正　(ウ)誤　(エ)誤
② (ア)正　(イ)誤　(ウ)誤　(エ)正
③ (ア)誤　(イ)正　(ウ)正　(エ)誤
④ (ア)誤　(イ)誤　(ウ)正　(エ)正

解説

誤っている選択肢について解説すると次のようになる。

(ア)　会計基準は、会計理論以外に、会計慣行や利害関係者の意見など、会計実務の多様性をふまえた過程を通じて新設改廃される。一例として決定前に「公開草案」を公表し意見を求める仕組みがある

(エ)　企業会計基準委員会（ASBJ）により作成される会計基準は、「企業会計基準」、「企業会計基準適用指針」、「実務対応報告」の３つである。

よって(イ)、(ウ)が正しい。

次の文章について、誤っているものの組み合わせを選びなさい。

> (ア)　内部統制の基本要素である「統制環境」「リスクの評価と対応」「統制活動」「情報と伝達」「モニタリング」「ITへの対応」がすべて適切に整備運用されて内部統制の目的が達成される。
>
> (イ)　全社的な内部統制について、財務報告に対する影響の重要性が僅少である事業拠点に係るものについては、評価の対象としないことができる。
>
> (ウ)　内部統制は、業務の有効性および効率性、財務報告の信頼性、事業活動に関わる法令等の遵守ならびに資産の保全の4つの目的が達成されていることの絶対的な保証を得ることを目標としている。
>
> (エ)　内部統制監査は、経営者の行った内部統制の評価結果について、監査人が独立の立場から評価するものである。
>
> (オ)　内部統制の「開示すべき重要な不備」の開示がなされると、財務報告に重要な虚偽記載があることを示し、内部統制が有効とはいえない。

① アイ　　② アウ　　③ イエ　　④ ウオ　　⑤ エオ

解説

誤っている選択肢について解説すると次のようになる。

(ウ)　内部統制は、人が関与するものであり、固有の限界を有することから、4つの目的達成の絶対的保証ではなく、合理的保証を得ることを目的としている。

(オ)　「開示すべき重要な不備」とは財務報告に係る内部統制について、今後改善を要することを意味しており、開示されたとしても、直ちに虚偽記載があることを示すものではない。

よって(ア)、(イ)、(エ)が正しい。

> 内部統制は、業務の有効性および効率性、財務報告の信頼性、事業活動に関わる法令等の遵守ならびに資産の保全の4つの目的達成のために、業務に組み込まれ、組織内のすべての者によって遂行されるプロセスである。

第5章

財務諸表分析

||||||||||||||||||||||||||||||||||||||||||||||||||||||||||||||||||||||||||||||||||||||||||||||||||||||||||||||||||||||

要　約

　財務諸表は、企業の経営活動の状況が会計的に表現されたものであり、一定期間の企業の実態を知るうえで最も有用な情報源である。本章では、この財務諸表を利用して、企業の実態を収益性、生産性、安全性、不確実性、成長性という観点から分析する手法を学習する。それぞれの分析において、さまざまな指標が用いられるが、まずは各指標の意味しているところを十分理解する必要がある。算出した分析結果は、理論値ないし目標値との比較、期間比較、企業間比較により、評価されることになる。

要　点

①収益性の分析
②生産性の分析
③安全性の分析

④不確実性の分析
⑤成長性の分析

収益性の分析

次の文章について、正しいものの組み合わせを選びなさい。

(ア) 総資本と理論的に整合する利益概念は営業利益である。

(イ) 事業利益とは、損益計算書の「営業利益」に、受取利息・配当金などの金融収益を加算することにより算定される。

(ウ) 企業全体の収益性を指し示す指標は総資本事業利益率である。

(エ) 企業の使用総資本は、どのような活動の資産に投下されているかにより、3つの部分に区別することができる。

(オ) 自己資本の概念には、「新株予約権」を含める。

① アイ
② アエ
③ イウ
④ イオ
⑤ エオ

解説

誤っている選択肢について解説すると次のようになる。

(ア) 総資本と理論的に首尾一貫する利益概念は、支払利息などの金融費用を控除する前の「事業利益」である。

(エ) 企業の使用総資本は、どのような活動の資産に投下されているかにより、「経営資本」（企業の本来の営業活動に投下された部分）と「金融活動資本」（余剰資金を運用する金融活動に投下された部分）の2つの部分に区別することができる。

(オ) 自己資本の金額は、連結財務諸表の場合「純資産の部」に記載されている項目のうち、「株主資本」と「その他の包括利益累計額」を合計して算定する。「新株予約権」は将来の株主になる可能性のある人に帰属するものであり、既存株主の投下資本には含めない。

よって(イ)、(ウ)が正しい。

資本概念と利益概念の適切な組み合わせは以下のとおりである。

《資本概念》　　　　　　　　　《利益概念》
総資本……………………………事業利益
　うち経営資本…………………営業利益
　　金融活動資本………………金融収益
自己資本…………………………親会社株主に帰属する当期純利益

　これを図式化すると、以下のとおりである。

資本利益率の分解

　A社とB社に関する〈資料1〉および〈資料2〉により、適切な文章の組み合わせを選びなさい。ただし、総資本は期中平均値を使用するものとする。なお、△はマイナスを意味する。また、計算にあたって端数が出る場合は、小数点以下第2位を四捨五入すること。（例）1.23%→1.2%

〈資料1〉連結損益計算書

(単位：百万円)

	A社	B社
売上高	115,740	317,438
売上原価	96,700	239,346
売上総利益	19,040	78,092
販売費及び一般管理費	15,850	55,770
営業利益	3,190	22,322
営業外収益		
受取利息	300	11
受取配当金	80	8
持分法による投資利益	2,180	9
その他	550	630
営業外収益合計	3,110	658
営業外費用		
支払利息	130	759
その他	690	655
営業外費用合計	820	1,414
経常利益	5,480	21,566
特別利益		
固定資産売却益	170	－
その他	100	－
特別利益合計	270	－
特別損失		
固定資産除却損	180	114
減損失	130	186
その他	660	1,920
特別損失合計	970	2,220
税金等調整前当期純利益	4,780	19,346
法人税、住民税及び事業税	1,560	7,487
法人税等調整額	△ 200	△ 713
法人税等合計	1,360	6,774
当期純利益	3,420	12,572
非支配株主に帰属する当期純利益	220	222
親会社株主に帰属する当期純利益	3,200	12,350

〈資料2〉連結貸借対照表（抜粋）

(単位：百万円)

	A社	B社
総資本（当期末）	169,710	293,095
総資本（前期末）	157,780	283,171

(ア)　A社の総資本事業利益率は3.5%、B社の総資本事業利益率は7.8%である。

(イ)　総資本事業利益率は、売上高事業利益率と総資本回転率に分解することができる。

(ウ)　A社の売上高事業利益率は4.8%、B社の売上高事業利益率は7.0%である。

(エ)　A社の総資本回転率は0.7回、B社の総資本回転率は1.0回である。

(オ)　A社の総資本事業利益率がB社の総資本事業利益率より劣っている理由は、売上高事業利益率が低いことのみが要因となっている。

①　アイ　　②　アエ　　③　イウ　　④　イオ　　⑤　エオ

解説

　誤っている選択肢について説明すると次のようになる。

(ウ)　A社の売上高事業利益率は4.8%ではなく、5.0%である。

(エ)　B社の総資本回転率は1.0回ではなく、1.1回である。

(オ)　A社の総資本事業利益率がB社の総資本事業利益率より劣っている理由は、売上高事業利益率、総資本回転率ともにB社よりもA社の方が低いからである。

A社　総資本事業利益率 $\dfrac{\text{事業利益}5,750}{\text{期中平均総資本}163,745} \times 100 = 3.51$ →3.5%

期中平均総資本163,745＝（総資本前期末157,780＋総資本当期末169,710）÷2

事業利益5,750＝営業利益3,190＋受取利息300＋受取配当金80＋持分法による投資利益2,180

A社　売上高事業利益率 $\dfrac{\text{事業利益}5,750}{\text{売上高}115,740} = 4.96$ →5.0%

A社　総資本回転率 $\dfrac{\text{売上高}115,740}{\text{期中平均総資本}163,745} = 0.70$ →0.7回

B社　総資本事業利益率 $\dfrac{\text{事業利益}22,350}{\text{期中平均総資本}288,133} \times 100 = 7.75$ →7.8%

期中平均総資本288,133＝（総資本前期末283,171＋総資本当期末293,095）÷2

事業利益22,350＝営業利益22,322＋受取利息11＋受取配当金8＋持分法による投資利益9

B社　売上高事業利益率 $\dfrac{\text{事業利益}22,350}{\text{売上高}317,438} = 7.04$ →7.0%

B社　総資本回転率＝ $\dfrac{\text{売上高}317,438}{\text{期中平均総資本}288,133} = 1.10$ →1.1回

① 答掲

55 ROA と ROE

次の〈資料〉により、A社のROA（総資本事業利益率）とB社のROE（自己資本当期純利益率）を計算し、正しい数値の組み合わせを選びなさい。ただし、分母は期末の数値を使用するものとする。なお、△はマイナスを意味する。また、計算にあたって端数が出る場合は、小数点以下第2位を四捨五入すること。（例）1.23%→1.2%

〈資料〉
連結貸借対照表データ
(単位：百万円)

	A社	B社
純資産の部		
株主資本		
資本金	1,000	771
資本剰余金	25,858	1,063
利益剰余金	76,511	3,939
自己株式	△ 4,080	△ 111
株主資本合計	99,289	5,662
その他の包括利益累計額		
その他有価証券評価差額金	155	△ 12
為替換算調整勘定	101	—
退職給付に係る調整累計額	△ 182	—
その他の包括利益累計額合計	74	△ 12
新株予約権	—	4
非支配株主持分	97	43
純資産合計	99,460	5,697
負債純資産合計	124,838	6,863

連結損益計算書データ
(単位：百万円)

	A社	B社
営業利益	10,515	415
受取利息・配当金	58	6
支払利息	14	1
持分法による投資損失	17	—
当期純利益	6,108	127
非支配株主に帰属する当期純利益	58	6
親会社株主に帰属する当期純利益	6,050	121

① ROA：8.5、ROE：6.1

② ROA：8.5、ROE：2.1

③ ROA：6.1、ROE：6.1

④ ROA：6.1、ROE：2.1

解説

　総資本事業利益率（ROA）、自己資本当期純利益率（ROE）を計算すると次のようになる。

（ROA）

　A社　8.46％→8.5％

$$\frac{営業利益10,515＋受取利息・配当金58}{負債純資産合計124,838} \times 100$$

（ROE）

　B社　2.14％→2.1％

$$\frac{親会社株主に帰属する当期純利益121}{純資産合計5,697－新株予約権4－非支配株主持分43} \times 100$$

　総資本事業利益率（ROA）は、企業全体の収益性を測る指標である。企業の立場からは自己資本と他人資本を合計した総資本の利益率が重視すべき指標となる。

・総資本＝総資産＝自己資本＋他人資本

・事業利益＝営業利益＋金融収益

$$ROA＝\frac{営業利益＋受取利息・配当金＋持分法による投資利益}{総資本(負債・純資産合計)}$$

なお、関係会社の投資利益たる持分法による投資利益については営業利益または金融収益に準ずるものとして分子に加算する。

　自己資本当期純利益率（ROE）は、株主の観点から収益性を測る指標である。株主の立場からは、株主に帰属する資本部分に対する利益率が重視すべき指標となる。

・自己資本＝純資産合計－新株予約権－非支配株主持分

新株予約権は将来の株主分、非支配株主持分は少数株主の持分であり、既存株主の持分からは除外する。

・当期純利益＝親会社株主に帰属する当期純利益

$$ROE＝\frac{親会社株主に帰属する当期純利益}{自己資本(純資産合計－新株予約権－非支配株主持分)}$$

② 答解

付加価値による労働生産性計算

次の〈資料〉により、当期（X2年3月期）の労働生産性と労働分配率を計算し、正しい数値の組み合わせを選びなさい。なお、計算にあたって端数が生じる場合は、比率については小数点以下第3位を四捨五入し、金額については小数点以下第2位を四捨五入すること。（例）1.234% → 1.23%、1.25百万円 → 1.3百万円

〈資料〉

	X1年3月期	X2年3月期
付加価値額（百万円）	47,800	55,500
人件費（百万円）	26,500	27,000
期末従業員数（人）	9,300	8,800

① 労働生産性：5.7百万円、労働分配率：0.49%
② 労働生産性：5.7百万円、労働分配率：0.52%
③ 労働生産性：6.1百万円、労働分配率：0.49%
④ 労働生産性：6.1百万円、労働分配率：0.52%
⑤ 労働生産性：6.3百万円、労働分配率：0.49%

解説

期首・期末の平均従業員数＝（9,300＋8,800）÷ 2 ＝9,050人
当期の労働生産性は、付加価値額55,500÷平均従業員数9,050＝6.13…→6.1百万円
当期の労働分配率は、人件費27,000÷付加価値額55,500＝0.486…→0.49%

1人当たり人件費は労働生産性と労働分配率に分解することができる。

$$1人当たり人件費＝\frac{人件費}{平均従業員}＝\frac{付加価値額}{平均従業員}\times\frac{人件費}{付加価値額}$$

　　　　　　　　　　　　　　　↑　　　　　　↑
　　　　　　　　　　　　労働生産性　労働分配率

問題 57　労働生産性の分解と分析

次の〈資料〉により、文章の空欄(ア)から(エ)に当てはまる語句および数値の適切な組み合わせを選びなさい。なお、計算にあたって端数が生じる場合は、比率および金額ともに小数点以下第3位を四捨五入すること。（例）1.234% → 1.23%、1.235百万円 → 1.24百万円

〈資料〉

	X1年3月期	X2年3月期
付加価値額（百万円）	12,200	10,900
期末従業員数（人）	3,700	3,500
売上高（百万円）	26,600	25,200
有形固定資産（百万円）	10,000	9,400

X2年3月期の労働生産性は(ア)百万円である。労働生産性は、売上高または有形固定資産を用いて分析することができる。売上高を介在させると、労働生産性は1人当たり売上高と(イ)に分解することができる。また、有形固定資産を用いると、労働生産性は労働装備率と(ウ)に分解することができる。X2年3月期の労働装備率を計算すると(エ)百万円となる。

① (ア)3.21　(イ)付加価値率　(ウ)労働分配率　(エ)1.16
② (ア)3.03　(イ)付加価値率　(ウ)設備生産性　(エ)2.69
③ (ア)3.21　(イ)労働分配率　(ウ)設備生産性　(エ)1.16
④ (ア)3.03　(イ)労働分配率　(ウ)設備生産性　(エ)1.16
⑤ (ア)3.11　(イ)付加価値率　(ウ)労働分配率　(エ)2.69

解説

適切な語句および数値を入れると次のようになる。

X2年3月期の労働生産性は（ア　3.03）百万円である。労働生産性は、売上高または有形固定資産を用いて分析することができる。売上高を介在させると、労働生産性は1人当たり売上高と（イ　付加価値率）に分解することができる。また、有形固定資産を用いると労働生産性は、労働装備率と（ウ　設備生産性）に分解することができる。X2年3月期の労働装備率を計算すると（エ　2.69）百万円となる。

労働生産性は、従業員1人当たりの付加価値だけで算定され、人的資源から生産性の尺度を示しており、以下の算式で計算される。

$$労働生産性 = \frac{付加価値額}{平均従業員数} = \frac{10,900}{(3,700 + 3,500) \div 2} = 3.027 \cdots \rightarrow 3.03 百万円$$

$$労働生産性 = 1 人当たり売上高 \left(\frac{売上高}{平均従業員数} \right) \times 付加価値率 \left(\frac{付加価値額}{売上高} \right)$$

$$1 人当たり売上高 = \frac{25,200}{(3,700 + 3,500) \div 2} = 7 百万円$$

$$付加価値率 = \frac{10,900}{25,200} = 0.432 \cdots \rightarrow 0.43$$

$$労働生産性 = 労働装備率 \left(\frac{平均有形固定資産}{平均従業員数} \right) \times 設備生産性 \left(\frac{付加価値額}{平均有形固定資産} \right)$$

$$労働装備率 = \frac{(10,000 + 9,400) \div 2}{(3,700 + 3,500) \div 2} = 2.694 \cdots \rightarrow 2.69 百万円$$

$$設備生産性 = \frac{10,900}{(10,000 + 9,400) \div 2} = 1.123 \cdots \rightarrow 1.12$$

解答 ②

問題 58　加算法による付加価値計算

次の〈資料〉により、加算法による付加価値額を計算し、正しい数値を選びなさい。なお、売上原価の中に付加価値として集計すべきものはない。

〈資料１〉連結損益計算書	（単位：千円）
Ⅰ売上高	3,050,000
Ⅱ売上原価	2,280,000
売上総利益	770,000
Ⅲ販売費及び一般管理費	680,000
営業利益	90,000
Ⅳ営業外収益	
受取利息配当金	5,000
Ⅴ営業外費用	
支払利息	8,000
社債利息	1,000
経常利益	86,000
Ⅵ特別利益	
固定資産売却益	2,000
Ⅶ特別損失	
減損損失	16,000
税金等調整前当期純利益	72,000
法人税、住民税及び事業税	49,000
法人税等調整額	△27,000
当期純利益	50,000
非支配株主に帰属する当期純利益	2,000
親会社株主に帰属する当期純利益	48,000

〈資料２〉販売費及び一般管理費のうち主要な費目及び金額	（単位：千円）
給与及び手当	283,000
賞与引当金繰入額	18,000
退職給付費用	3,000
法定福利費	42,000
貸倒引当金繰入額	5,000
広告宣伝費	53,000
地代家賃	39,000
減価償却費	65,000

① 424,000　② 428,000　③ 464,000　④ 466,000　⑤ 529,000

解説

加算法による付加価値額は、次の算式で求められる。

付加価値額＝人件費＋賃借料＋税金＋他人資本利子＋親会社株主に帰属する当期純利益

（単位：千円）

人件費	（販管費）給料及び手当	283,000
	（販管費）賞与引当金繰入額	18,000
	（販管費）退職給付費用	3,000
	（販管費）法定福利費	42,000
賃借料	（販管費）地代家賃	39,000
税金	法人税、住民税及び事業税	49,000
	法人税等調整額	△27,000
他人資本利子	支払利息	8,000
	社債利息	1,000
	非支配株主に帰属する当期純利益	2,000
親会社株主に帰属する当期純利益		48,000
付加価値額合計		466,000

問題 59 生産性の分析

次の文章について、正しいものの組み合わせを選びなさい。

> (ア) 従業員1人当たりの人件費を引き上げるためには、労働生産性か労働分配率を高める必要がある。
> (イ) 労働生産性は、従業員1人当たりの売上高と労働装備率に分解することができる。
> (ウ) 設備生産性は、有形固定資産1単位当たりの付加価値額を示す指標である。
> (エ) 加算法により付加価値額を計算するとき、「非支配株主に帰属する当期純利益」は集計の対象としない。
> (オ) 総資産に占める付加価値額の割合を付加価値率という。

① アイ　　② アウ　　③ イエ　　④ ウオ　　⑤ エオ

解説

選択肢について解説すると次のようになる。

(ア) 1人当たり人件費は、労働生産性と労働分配率の積として求められる。よって正しい。なお、労働分配率を高めることにより1人当たり人件費は上昇するが、一方で株主に帰属する利益が減少するなど、他の分配項目に影響が及ぶため、労働分配率の引き上げには限界がある。

(イ) 労働生産性は、売上高を介在させて従業員1人当たりの売上高と付加価値率に分解することができる。また、有形固定資産を用いて労働装備率と設備生産性に分解することができる。よって誤り。

(ウ) 設備生産性は、付加価値額を有形固定資産の平均額で除して求められる。よって正しい。設備生産性は、有形固定資産1単位当たりの付加価値額であることから、現有設備の利用度を表している。

(エ) 財務諸表分析では、非支配株主持分は自己資本に含めず固定負債に準じて扱う。このことから、加算法により付加価値額を計算するとき、「非支配株主に帰属する当期純利益」も他人資本利子として集計する。よって誤り。

(オ) 付加価値率は、売上高に占める付加価値額の割合である。よって誤り。

解答　②

安全性の分析

次の〈資料〉により、A社の安全性に関する次の文章について、正誤の組み合わせとして正しいものを選びなさい。

〈資料〉A社の連結貸借対照表から抜粋 　　　　　　　　　（単位：百万円）
流動資産合計280　資産合計1,020　流動負債合計360　固定負債合計440
純資産合計220（うち、その他の包括利益累計額50　新株予約権1　非支配株主持分19）

(ア)　A社の流動比率は100%を超えている。
(イ)　A社の負債比率は300%を超えている。
(ウ)　A社の固定比率は100%を超えている。

① (ア)正　(イ)正　(ウ)誤
② (ア)正　(イ)誤　(ウ)正
③ (ア)誤　(イ)正　(ウ)正
④ (ア)誤　(イ)誤　(ウ)誤

解説

選択肢について説明すると次のようになる。

(ア)　流動比率＝流動資産合計280÷流動負債合計360＝77.7…%→78%
　　　A社の流動比率は100%に満たない。よって誤り。
　　　流動比率は高いほど望ましく、100%が1つの目安とされている。

(イ)　負債比率は他人資本÷自己資本で計算される。
　　　他人資本＝流動負債合計360＋固定負債合計440＋新株予約権1＋非支配株主持分19＝820
　　　自己資本＝株主資本＋その他の包括利益累計額＝純資産合計220－新株予約権1－非支配株主持分19＝200
　　　負債比率＝他人資本820÷自己資本200＝410%
　　　負債比率は300%を超えている。よって正しい。

(ウ)　固定比率＝（固定資産合計＋繰延資産）÷自己資本
　　　＝（資産合計1,020－流動資産合計280）÷自己資本200＝370%
　　　A社の固定比率は100%を超えている。よって正しい。
　　　固定比率は低いほど望ましく、100%が1つの目安とされている。

問題 61 インタレスト・カバレッジ・レシオ

次の〈資料〉より、空欄(ア)と(イ)に当てはまる適切な数値の組み合わせを選びなさい。

〈資料〉

連結損益計算書の数値（一部）は次のとおりである。（単位：百万円）

営業利益　400　　受取利息・配当金　10

持分法による投資利益10　支払利息20　社債利息10

事業利益は(ア)百万円である。

インタレスト・カバレッジ・レシオは(イ)倍である。

① (ア) 400　(イ) 20
② (ア) 400　(イ) 40
③ (ア) 410　(イ) 41
④ (ア) 420　(イ) 21
⑤ (ア) 420　(イ) 14

解説

インタレスト・カバレッジ・レシオは次の計算式により算定される財務指標で、金利支払能力を評価することができる。

インタレスト・カバレッジ・レシオ

$$= \frac{\text{営業利益＋受取利息・配当金＋持分法による投資利益}}{\text{支払利息・社債利息等}} \text{（倍）}$$

分子は事業利益とも呼ばれる。社債利息等にはコマーシャル・ペーパー利息が含まれる。

事業利益＝営業利益400＋受取利息・配当金10＋持分法による投資利益10＝420百万円

$$\text{インタレスト・カバレッジ・レシオ} = \frac{\text{事業利益420}}{\text{支払利息20＋社債利息10}} = 14\text{倍}$$

インタレスト・カバレッジ・レシオは金融費用の何倍の事業利益があるかを示す指標で、この値が大きいほど金利支払能力は高く、安全性が良好であるといえる。

⑤　答解

不確実性の分析①

　次の〈資料〉により、総費用法によって変動費率と固定費額を確定したうえで、当期（X2年3月期）の損益分岐点売上高を計算し、正しい数値を選びなさい。なお、計算にあたって端数が出る場合は、比率については小数点以下第2位を四捨五入し、金額については百万円未満を四捨五入すること。（例）1.23%→1.2%、1,234,5百万円→1,23,5百万

〈資料〉		（単位：百万円）
	X1年3月期	X2年3月期
売上高	67,200	72,500
売上原価	43,690	46,520
販売費及び一般管理費	12,225	12,860
営業利益	11,285	13,120

① 18,295　② 28,961　③ 34,581　④ 36,702　⑤ 52,439

解説

　変動費率＝費用変化額 $\{(46,520＋12,860)－(43,690＋12,225)\}$ ÷売上高変化額 $(72,500－67,200)＝65.37\%→65.4\%$

　固定費額＝費用合計（46,520＋12,860）－売上高72,500×変動費率65.4%＝11,965百万円

　損益分岐点となる売上高をX百万円とすると、

　売上高X＝固定費額11,965＋0.654X

　これを解いてX＝11,965÷（1－0.654）＝34,580.9…→34,581百万円

　総費用法は収益の対前年変化額に対する費用の対前年変化額の比率を計算することによって変動費率を算出する方法であり、費用を変動費と固定費に分解する最も単純な方法といえる。なお、対前年変化額は収益（売上高）および費用（売上原価と販売費及び一般管理費）のそれぞれについて当期の数値から前期の数値を控除することにより計算する。

・変動費率＝費用の対前年変化額÷収益の対前年変化額

問題 63 **不確実性の分析②**

次の文章について、誤っているものの組み合わせを選びなさい。

(ア) 収益の対前年変化額に対する費用の対前年変化額の比率を計算することによって変動費率を算出する方法を総費用法といい、費用の変化分はすべて固定費によって生じたものという仮定が置かれている。

(イ) 費用項目の内訳明細に注目し、各項目をその性質にもとづいて変動費と固定費に分類する方法をマネジメント・アプローチという。

(ウ) 数期間のデータにもとづき統計的手法を用いて変動費と固定費に分解する方法を最小2乗法という。

(エ) 過去の実績データのうち、最も多い操業度と最も少ない操業度のデータから変動費と固定費に分解する方法を高低点法という。

① アイ　② アウ　③ イウ　④ イエ　⑤ ウエ

解説

誤っている選択肢について解説すると次のようになる。

(ア) 収益の対前年変化額に対する費用の対前年変化額の比率を計算することによって変動費率を算出する方法を総費用法といい、費用の変化分はすべて変動費によって生じたものという仮定が置かれている。

この仮定は、経済環境が激変した場合や大規模なリストラクチャリング等により固定費が変化しても変動費の変化として分類されるため、変動費の推定が過大となる恐れがある点に注意が必要である。

(イ) 費用項目の内訳明細に注目し、各項目をその性質にもとづいて変動費と固定費に分類する方法を費目別法という。なお、マネジメント・アプローチは経営者が利用している情報を財務諸表利用者に提供する手法を指し、セグメント情報の開示で用いられているアプローチ手法である。

よって(ウ)、(エ)が正しい。

なお、費用の金額を変動費と固定費に分解する方法としては、総費用法、費目別法、最小2乗法、スキャッター・チャート法、高低点法がある。

不確実性の分析③

次の文章について、正しいものの組み合わせを選びなさい。

(ア) 好況期にROAが負債利子率を上回っている場合、負債依存度が高いほどROEは高くなる。

(イ) 財務レバレッジは総資本に対する自己資本の割合であり、負債依存度が高いほど値が小さくなる。

(ウ) ROEが12%、売上高当期純利益率が8％、総資本回転率が0.5回のとき、財務レバレッジは3と計算される。

(エ) ROEを高めるためには、財務レバレッジを高めるほど効果が得られる。

① アイ　　② アウ　　③ イエ　　④ イウ　　⑤ ウエ

解説

誤っている選択肢について解説すると次のようになる。

(イ) ROEは次の3つの要因に分解することができ、その1つの要因を財務レバレッジと呼んでいる。財務レバレッジは自己資本に対する総資本の割合（自己資本比率の逆数）であり、企業の負債依存度が高いほど値が大きくなる。

$$ROE = \frac{当期純利益}{売上高} \times \frac{売上高}{総資本} \times \frac{総資本}{自己資本}$$

＝ 売上高純利益率×総資本回転率×財務レバレッジ

なお、財務レバレッジが作用すると、景気変動などによる利益変化が一層拡大されるため、将来の収益予測の不確実性が増加する。

(エ) ROAが負債利子率よりも低い場合には、財務レバレッジを高めることは逆にROEを下げる効果がある。

よって(ア)、(ウ)が正しい。

総資本のうち負債をD、自己資本をE、負債の利子率をr、税率をtとし、金融収支以外の営業外損益や特別損益項目がないとすると、ROEは次のようになる。

$$ROE = \{ROA + (ROA - r) \times D/E\} \times (1 - t)$$

したがって、ROA－r＞0のとき、つまり、ROAが負債利子率を上回っているときは、負債依存度（D／E）が高いほど、ROEは高くなる。逆に、ROA－r＜0のとき、ROAが負債利子率よりも低い場合には、負債依存度（D／E）が高いほど、ROEは低くなる。

解答 ②

問題 65　サステイナブル成長率

次の文章の空欄⑦から⑦に当てはまる語句の適切な組み合わせを選びなさい。

> 　利益の内部蓄積だけで達成される1株当たり当期純利益の成長率は⑦と呼ばれる。⑦は将来の1株当たり当期純利益の成長率を予測する場合の有力な目安とされており、⑦×（1－⑦）の計算式で算定される。⑦を高めるためには、⑦を向上させるか、配当等の社外流出を抑制する必要がある。

① ⑦サステイナブル成長率　　⑦ROE　　⑦配当性向
② ⑦リスクプレミアム　　　　⑦ROA　　⑦配当利回り
③ ⑦サステイナブル成長率　　⑦ROE　　⑦配当利回り
④ ⑦リスクプレミアム　　　　⑦ROE　　⑦配当性向
⑤ ⑦サステイナブル成長率　　⑦ROA　　⑦配当性向

解説

適切な語句を入れると次のようになる。

　利益の内部蓄積だけで達成される1株当たり当期純利益の成長率は（ア　サステイナブル成長率）と呼ばれる。（ア　サステイナブル成長率）は将来の1株当たり当期純利益の成長率を予測する場合の有力な目安とされており、（イ ROE）×（1－（ウ　配当性向））の計算式で算定される。（ア　サステイナブル成長率）を高めるためには、（イ ROE）を向上させるか、配当等の社外流出を抑制する必要がある。

> 　サステイナブル成長率は、外部からの資金調達をすることなく、内部留保のみを再投資することによって達成される1株当たり利益の成長率である。ROE、配当性向が一定で、新規の資金調達を行わず、財務構造が維持されることを前提としている。そのため、配当もサステイナブル成長率で成長することになり、サステイナブル成長率は利益だけでなく配当の成長率ともなる。

1株当たり情報の注記

次の〈資料1〉および〈資料2〉により、空欄(ア)から(ウ)に当てはまる適切な語句および数値を選びなさい。

〈資料1〉当会計年度の財務諸表の数値　　　　　　　　　　　（単位：百万円）

純資産合計	190,000
（うち、自己株式）	（△7,600）
当期純利益	45,600

〈資料2〉当会計年度の発行済株式及び自己株式　　　　　　　（単位：千株）

	期首株式数	期末株式数	期中平均株式数
発行済株式	80,000	80,000	80,000
自己株式	6,000	4,000	5,000

（注）発行している株式は、普通株式のみである。

「1株当たり情報」の注記

	当連結会計年度
1株当たり純資産額	(ア)
1株当たり当期純利益	(イ)

（注）(ウ)調整後1株当たり当期純利益金額については、(ウ)が存在しないため記載していない。

① (ア)2,375円　(イ)608円　(ウ)優先株式
② (ア)2,500円　(イ)600円　(ウ)潜在株式
③ (ア)2,500円　(イ)608円　(ウ)優先株式
④ (ア)2,500円　(イ)608円　(ウ)潜在株式

解説

(ア)　1株当たり純資産額＝期末の純資産額÷（期末の普通株式発行済株式－期末の普通株式自己株式数）＝190,000百万円÷（80,000千株－4,000千株）＝2,500円

(イ)　1株当たり当期純利益＝当期純利益÷（期中平均発行済株式数－期中平均自己株式数）＝45,600百万円÷（80,000千株－5,000千株）＝608円

(ウ)　潜在株式が希薄化効果を有する場合には、1株当たり情報として潜在株式調整後1株当たり当期純利益を注記する必要がある。なお、本問では潜在株式が存在しないため、この注記は行われない。

各指標の計算式を示すと次のようになる。

1株当たり純資産は、普通株式に係る期末の純資産額を、普通株式の発行済株式数から自己株式数を控除した株式数で除して算定する。

$$1株当たり純資産額 = \frac{普通株式に係る純資産額}{(期末の普通株式の発行済株式数 - 期末の普通株式の自己株式数)}$$

1株当たり当期純利益は、普通株式に係る当期純利益を普通株式の期中平均株式数で除して算定する。

$$1株当たり当期純利益 = \frac{普通株式に係る当期純利益}{(普通株式の期中平均株式数 - 普通株式の期中平均自己株式数)}$$

潜在株式調整後1株当たり当期純利益は、普通株式に係る当期純利益に希薄化効果を有する潜在株式に係る当期純利益調整額を加えた合計金額を、普通株式の期中平均株式数に希薄化効果を有する潜在株式に係る権利の行使を仮定したことによる普通株式の増加数（普通株式増加数）を加えた合計額で除して算定する。

潜在株式調整後1株当たり当期純利益

$$= \frac{(普通株式に係る当期純利益 + 当期純利益調整額)}{(普通株式の期中平均株式数 + 普通株式増加数)}$$

企業が転換社債や新株予約権付社債を発行する場合のほか、役員や従業員にストックオプションを付与する場合に、その保有者が権利行使を行うと発行済株式が増加して、既存株主の持株シェアが低下する。そのため、既存株主にとって潜在株式がいくら存在し、これを考慮に入れた場合の1株当たり当期純利益がいくらになるかは将来の予測をする場合に非常に重要な問題となる。

潜在株式調整後1株当たり当期純利益

次の文章について、正しいものの個数を選びなさい。

(ア) 潜在株式調整後1株当たり当期純利益は、1株当たり当期純利益の希薄化が生じる場合に意味を持つ情報である。

(イ) 転換社債について、調整後の1株当たり当期純利益の方が調整前の数字より小さくなる場合には、調整後情報の注記は必要とされない。

(ウ) 新株予約権社債やストック・オプションについて、権利行使価格が期中平均株価を上回る場合には、調整後情報の注記が必要とされる。

(エ) 潜在株式調整後1株当たり当期純利益情報が注記されている場合は、将来の権利行使によって既存の株式の価値が希薄化する可能性が考えられる。

① 0   ② 1つ   ③ 2つ   ④ 3つ   ⑤ 4つ

解説

誤っている選択肢について解説すると次のようになる。

(イ) 転換社債について、調整後の1株当たり当期純利益の方が調整前の数字より大きくなる場合には、調整後情報の注記は必要とされない。

(ウ) 新株予約権社債やストック・オプションについて、権利行使価格が期中平均株価を上回る場合は、実際に権利行使が行われないことから、調整後情報の注記は必要とされていない。

よって(ア)、(エ)が正しい。

金融商品取引法のディスクロージャー制度の適用を受ける企業は、通常の1株当たり当期純利益データに加えて、潜在株式を考慮に入れた場合の1株当たり当期純利益の情報（潜在株式調整後1株当たり当期純利益）を注記するよう要求されている。

第 6 章

企業価値分析

要 約

　代表的な企業価値の評価方法として、割引キャッシュ・フロー法、エコノミック・プロフィット法、乗数アプローチの3つを取り扱う。割引キャッシュ・フロー法は、将来生じると予測されるキャッシュ・フローにもとづいて評価する手法であり、エコノミック・プロフィット法は、会計利益をベースにした評価手法である。また、乗数アプローチは、客観性の高い市場価格等にもとづき、相対的に評価する手法である。それぞれの評価手法による企業価値の算出方法を理解することをねらいとし、算出に必要となる加重平均資本コスト（WACC）やフリー・キャッシュ・フロー、PER、PBRなどの評価指標についても学習する。

要 点

①企業価値評価のフレームワーク　　　⑥PER
②配当割引モデル　　　　　　　　　　⑦PBR
③割引キャッシュ・フロー法　　　　　⑧PSR
④加重平均資本コスト（WACC）　　　⑨PCFR
⑤EVA（エコノミック・プロフィット）　⑩EV/EBITDA倍率

企業価値評価のフレームワーク

企業価値の評価手法に関する次の文章について、正しいものの組み合わせを選びなさい。

(ア) 企業価値は、株式の時価総額に一致する。

(イ) 割引キャッシュ・フロー法によれば、企業価値は将来のフリー・キャッシュ・フローを加重平均資本コストで割り引いた現在価値と等しくなる。

(ウ) エコノミック・プロフィット法とは、キャッシュ・フローをベースに企業価値を算出する方法である。

(エ) 乗数アプローチとは、市場で実際に取引されている価格、すなわち市場価格に基づいて、相対的に企業価値を評価する方法である。

(オ) 乗数アプローチは、計算が簡単であり理解しやすいことから一般に利用されている。しかし、一定の仮定を前提に企業価値を評価することで、評価額に市場動向を織り込めず、評価が主観的になる。

① アウ　　② イオ　　③ アエ　　④ イエ　　⑤ エオ

解説

誤っている選択肢について解説すると次のようになる。

(ア) 企業価値（エンタープライズ・バリュー）は、負債の時価と株式の時価総額の合計に等しい。

(ウ) エコノミック・プロフィット法とは、キャッシュ・フローではなく、会計利益をベースに企業価値を算出する方法である。

(オ) 乗数アプローチは、計算が簡単であり理解しやすいことから広く一般に利用されている。また、市場価格をベースに評価することで、評価額に市場動向を織り込めるだけでなく、評価の客観性を確保できるというメリットもある。

よって(イ)、(エ)が正しい。

一般に乗数アプローチに基づいた評価指標をマルチプルと呼ぶ。株価等の市場価格や資産・売上高・利益などの会計数値で基準化することで用いられる。その結果、他社比較により現在の企業価値・株主価値が相対的に高いか安いかが判断できる。

④ 答解

問題 69　配当割引モデル①

次の文章の空欄(ア)、(イ)に当てはまる数値の適切な組み合わせを選びなさい。なお、計算にあたって端数が出る場合は、円未満を四捨五入すること。（例）12.6円→13円

1．A社の3年後の予想株価は480円、毎期の1株当たり期待配当は20円、投資家の期待収益率は8％であるとする。投資家が3年間A社株式を保有するとした場合、A社株式の理論株価は(ア)円である。
2．B社の当期の配当額は(イ)円で今後毎年2％成長が見込まれている。また、株主の期待収益率は10％であるとする。この場合、B社株式の理論株価は1,250円である。

① (ア)396　(イ)125
② (ア)433　(イ)100
③ (ア)500　(イ)125
④ (ア)428　(イ)100

解説

計算過程を示すと次のようになる。

(ア) 配当割引モデルでは、株式の価値は、株式の保有によって将来得られるであろう配当を期待収益率で割引いた現在価値の合計に等しくなると考える。

$$理論株価 = \frac{20}{1+0.08} + \frac{20}{(1+0.08)^2} + \frac{20+480}{(1+0.08)^3} = 432.5\cdots \rightarrow 433円$$

(イ) 配当が一定率で成長していくことを前提とする定率成長モデルでは、理論株価は次のように算定できる。

$$理論株価 = \frac{1期目の1株当たり予想配当額}{期待収益率 - 配当成長率}$$

よって、$1{,}250円 = \dfrac{配当額}{0.1 - 0.02}$ より、配当額 $= 1{,}250 \times 0.08 = 100円$

解答　②

配当割引モデル②

次の文章の空欄㋐、㋑に当てはまる語句および数値の適切な組み合わせを選びなさい。

> A社の株式の1株当たり配当の期待値は40円、当期末の予想株価が800円である。投資家の期待収益率を12%とする場合、A社株式の現在価値は㋐円となる。
> B社株式の当期末の1株当たり配当は10円であり、今後配当は毎年8％の成長が期待されている。投資家の期待収益率が10％とすれば、現在の株価480円は㋑といえる。

① ㋐750　㋑割安
② ㋐750　㋑割高
③ ㋐714　㋑割安
④ ㋐714　㋑割高

解説

㋐　A社株式の現在価値は、配当の現在価値（投資家の期待収益率で割引計算したもの）と予想株価の現在価値（投資家の期待収益率で割引計算したもの）の合計である。

$$\text{A社株式の現在価値} = \frac{40}{1+0.12} + \frac{800}{1+0.12} = 750\text{円}$$

㋑　B社株式の理論株価は、定率成長モデルにより次のように算定される。

$$\text{B社株式の理論株価} = \frac{1\text{期目の1株当たり予想配当額}}{\text{期待収益率}-\text{配当成長率}}$$

$$= \frac{10}{0.1-0.08} = 500\text{円}$$

現在の株価480円は理論株価500円の96％であるため、割安と判断される。

① 稱正

問題 71 フリー・キャッシュ・フローの算定

次の表はA社の予測期間における将来キャッシュ・フローを計算した表である。表中の空欄(ア)から(ウ)に当てはまる数値の適切な組み合わせを選びなさい。（単位：省略）

	1年目	2年目	3年目
NOPAT（税引後営業利益）	(ア)	290	350
減価償却費	40	(イ)	60
支払利息	10	10	20
設備投資額	100	0	70
運転資本増加額	30	20	−30
FCF	300	320	(ウ)

① (ア)380　(イ)40　(ウ)370

② (ア)390　(イ)50　(ウ)370

③ (ア)370　(イ)40　(ウ)390

④ (ア)390　(イ)50　(ウ)350

解説

フリー・キャッシュ・フロー（FCF）とは、企業が資金提供者である株主や債権者に自由に分配できるキャッシュをいい、次のように算出できる。

FCF = NOPAT +減価償却費 −設備投資額 −運転資本の増加額

なお、NOPATとは税引後営業利益（Net Operating Profits After Taxes）のことである。したがって、

(ア)+ 40 − 100 − 30 = 300より

(ア)= 390

290 +(イ)− 0 − 20 = 320より

(イ)= 50

350 + 60 − 70 − (− 30) =(ウ)より

(ウ)= 370

となる。

フリー・キャッシュ・フロー法①

次の〈資料〉より、フリー・キャッシュ・フロー法にもとづいてA社の企業価値を計算し、正しい数値を選びなさい。なお、計算にあたって端数が出る場合は、億円未満を四捨五入すること。（例）17.8億円→18億円

〈資料〉

1．A社の当期（X1年度）のフリー・キャッシュ・フローは100億円と予想される。

2．4年目（X4年度）までは毎期6％で成長し、5年目以降の成長率は毎期2％とする。

3．A社に対する投資家の期待収益率は10％であるとする。

① 1,173億円　　② 1,287億円　　③ 1,359億円　　④ 1,381億円　　⑤ 1,519億円

解説

フリー・キャッシュ・フロー法にもとづいて、企業価値を算定すると、次のようになる。

X1年度　100億円

X2年度　$100 \times 1.06 = 106$億円

X3年度　$100 \times 1.06^2 = 112.36 \rightarrow 112$億円

X4年度　$100 \times 1.06^3 = 119.1016 \rightarrow 119$億円

X5年度以降は毎期2％で成長するため、×4年度末時点の継続価値は次のように算定される。

$$継続価値 = \frac{100 \times 1.06^3 \times 1.02}{0.1 - 0.02} = 1,518.5 \cdots \rightarrow 1,519億円$$

よって

$$企業価値 = \frac{100}{1 + 0.1} + \frac{106}{(1 + 0.1)^2} + \frac{112}{(1 + 0.1)^3} + \frac{119}{(1 + 0.1)^4} + \frac{1,519}{(1 + 0.1)^4}$$

$$= 1,381.4 \cdots \rightarrow 1,381億円$$

④ 答解

フリー・キャッシュ・フロー法②

次の〈資料〉により、フリー・キャッシュ・フロー法にもとづいて、A社の㋐事業価値、㋑継続価値、㋒企業価値を計算し、正しい数値の組み合わせを選びなさい。なお、計算にあたって端数が出る場合は、億円未満を四捨五入すること。(例) 17.8億円→18億円

〈資料〉

A社の当期のフリー・キャッシュ・フローは1,000億円と予想され、3年目までは5%の成長が見込まれている。また、4年目以降の成長率は毎年3%であり、投資家の期待収益率は10%であるとする。

① ㋐2,605億円　㋑16,223億円　㋒14,794億円
② ㋐2,605億円　㋑16,223億円　㋒16,012億円
③ ㋐2,605億円　㋑22,712億円　㋒19,669億円
④ ㋐2,866億円　㋑16,223億円　㋒15,055億円
⑤ ㋐2,866億円　㋑22,712億円　㋒19,930億円

解説

フリー・キャッシュ・フロー法にもとづいて企業価値を算定すると次のようになる。

㋐　事業価値 $= \dfrac{1,000}{1+0.1} + \dfrac{1,000 \times 1.05}{(1+0.1)^2} + \dfrac{1,000 \times 1.05^2}{(1+0.1)^3} = 2,605.18\cdots \rightarrow 2,605$億円

㋑　継続価値 $= \dfrac{1,000 \times 1.05^2 \times 1.03}{0.1-0.03} = 16,222.5 \rightarrow 16,223$億円

㋒　企業価値 $= 2,605 + \dfrac{16,223}{(1+0.1)^3} = 14,793.58\cdots \rightarrow 14,794$億円

フリー・キャッシュ・フロー法③

次の文章について、正誤の組み合わせとして正しいものを選びなさい。なお、計算にあたって端数が生じる場合は、小数点以下第1位を四捨五入すること。

(例) 12.6百万円→13百万円

・フリー・キャッシュ・フロー
(単位：百万円)

	X1年	X2年	X3年	X4年以降
A社	400	500	600	700
B社	500	500	500	500

・資本コスト
A社：7%　B社：5%

(ア)　A社の方がB社と比較して、企業価値が高い。

(イ)　フリー・キャッシュ・フロー法で企業価値の算定する場合には、将来獲得できるキャッシュ・フローの総額および資本コストのみに、計算結果が影響される。

① (ア) 正　　(イ) 正
② (ア) 正　　(イ) 誤
③ (ア) 誤　　(イ) 正
④ (ア) 誤　　(イ) 誤

解説

(ア)

企業価値算定

A社：

$$\frac{400}{(1+7\%)}+\frac{500}{(1+7\%)^2}+\frac{600}{(1+7\%)^3}+\frac{700}{7\%\times(1+7\%)^3}=9,463.3\to9,463百万円$$

B社：

$$\frac{500}{(1+5\%)}+\frac{500}{(1+5\%)^2}+\frac{500}{(1+5\%)^3}+\frac{500}{5\%\times(1+5\%)^3}=10,000百万円$$

よって誤り。

(イ) フリー・キャッシュ・フロー法では、獲得できるキャッシュ・フローの総額や資本コストだけでなく、キャッシュ・フローの獲得できる期間によって計算結果が異なる。よって誤り。

事業価値とは、予測期間における将来キャッシュ・フローの現在価値をいう。
継続価値とは、予測期間以降のフリー・キャッシュ・フローの現在価値をいう。
企業価値＝事業価値＋継続価値となる。

なお、フリー・キャッシュ・フロー（FCF）法の事業価値および継続価値の算定方法は次のとおりである。

$$\text{事業価値}=\frac{(\text{X1年のFCF})}{(1+\text{割引率})}+\frac{(\text{X2年のFCF})}{(1+\text{割引率})^2}+\cdot\cdot\cdot\cdot+\frac{(\text{継続価値})}{(1+\text{割引率})^n}$$

$$\text{継続価値}=\frac{\text{継続期間のFCF}}{\text{割引率}}$$

解答 ④

次の〈資料〉により、加重平均資本コスト（WACC）を計算し、正しい数値を選びなさい。ただし、法定実効税率は30%であり、株主資本コストは資本資産評価モデル（CAPM）を用いて算定すること。なお、計算にあたって端数が出る場合は、小数点以下第2位を四捨五入すること。（例）1.23%→1.2%

〈資料〉	
株式時価総額（期首）（億円）	16,000
有利子負債（期首簿価）（億円）	4,000
株主資本簿価（億円）	12,000
無リスク利子率（％）	2
有利子負債コスト（％）	3
ベータ	1.8
市場リスクプレミアム（％）	5

① 8.8%　　② 8.9%　　③ 9.0%　　④ 9.2%　　⑤ 9.4%

解説

株主資本コストの推定方法として一般的に用いられている資本資産評価モデル（CAPM）により、

株主資本コスト＝無リスク利子率＋ベータ×市場リスクプレミアム

$$= 2\% + 1.8 \times 5\% = 11\%$$

したがって、

$$加重平均資本コスト（WACC）= 11\% \times \frac{16,000}{16,000 + 4,000} + 3\% \times (1 - 30\%) \times$$

$$\frac{4,000}{16,000 + 4,000}$$

$$= 9.2\%$$

となる。

問題 76 加重平均資本コスト（WACC）②

次の〈資料〉により、加重平均資本コスト（WACC）を計算し、正しい数値を選びなさい。ただし、法定実効税率は30%であり、株主資本コストは資本資産評価モデル（CAPM）を用いて算定すること。なお、計算にあたって端数が出る場合は、小数点以下第2位を四捨五入すること。（例）1.23%→1.2%

〈資料〉

1株当たり純資産（円）	200
株価（期首）（円）	250
有利子負債（期首簿価）（億円）	50
無リスク利子率（%）	2
発行済株式数（億株）	1
有利子負債コスト（%）	2.5
ベータ	1.5
市場リスクプレミアム（%）	4

① 6.6%　② 6.8%　③ 7.0%　④ 7.2%　⑤ 8.5%

解説

株主資本コストの推定方法として一般的に用いられている資本資産評価モデル（CAPM）により、

株主資本コスト＝無リスク利子率＋ベータ×市場リスクプレミアム

$$= 2\% + 1.5 \times 4\% = 8\%$$

また、株主資本（時価）＝250円×1億株＝250億円、負債の時価＝50億円より

$$加重平均資本コスト（WACC）= 8\% \times \frac{250}{250+50} + 2.5\% \times (1-30\%) \times \frac{50}{250+50}$$

$$= 6.958\cdots \rightarrow 7.0\%$$

となる。

解答 ③

サステイナブル成長率と配当成長率

次の文章の空欄(ア)、(イ)に当てはまる適切な数値の組み合せを選びなさい。

> A社の当期の予想EPSは30円であり、毎年12%のROEを達成するものと考えられている。同社は、獲得した利益を全額配当してきた。このとき、投資家の期待収益率が10%とすると、理論株価は(ア)円となる。
>
> また、当期末より利益の70%を内部留保して、新規事業に投資することにした。このとき、投資家の期待収益率が10%とすると、理論株価は(イ)円となる。
>
> なお、計算にあたって端数が出る場合は、円未満を四捨五入すること。

① (ア)300 (イ)563
② (ア)300 (イ)328
③ (ア)250 (イ)563
④ (ア)250 (イ)328

解説

配当割引モデルにより、株価は株式の保有によって将来得られるであろう配当を期待収益率で割引いた現在価値合計として算定される。よって、

A社が全額配当する場合の理論株価＝配当額30円÷期待収益率10%＝300円

A社が利益の30%を配当する場合、

サステイナブル成長率＝ROE×（1－配当性向）＝12%×（1－30%）＝8.4%

1株当たり配当＝1株当たり当期純利益30円×配当性向30%＝9円

配当性向を一定と仮定すれば、利益の成長率と配当の成長率は等しくなるため、配当成長率をサステイナブル成長率におきかえて、定率成長モデルにより理論株価は次のように算定することができる。

$$理論株価＝\frac{1株当たり予想配当額}{期待収益率－配当成長率}＝\frac{9円}{10\%－8.4\%}＝562.5円→563円$$

全額配当する場合より利益の70%を内部留保するほうが本問の場合、理論株価は上昇する。

③ 答解

EVA

次の〈資料〉により、当期のEVA（経済付加価値）を計算し、正しい数値を選びなさい。

〈資料〉	
ＥＢＩＴ（百万円）	10,000
株式時価総額（期首）（百万円）	70,000
投下資本（百万円）	80,000
有利子負債（期首簿価）（百万円）	30,000
無リスク利子率（％）	2
有利子負債コスト（％）	5
ベータ	1.2
市場リスクプレミアム（％）	4
法定実効税率（％）	30

① 992百万円
② 1,190百万円
③ 2,352百万円
④ 5,352百万円

解説

EVAはNOPATから期首投下資本にWACCを乗じた資本コストを控除して算出する。

NOPAT ＝ EBIT（支払利息・税金控除前利益）10,000×（1－30％）＝7,000百万円

株主資本コスト＝2％＋1.2×4％＝6.8％

$$WACC = 6.8\% \times \frac{70,000}{70,000 + 30,000} + 5\% \times (1 - 30\%) \times \frac{30,000}{70,000 + 30,000} = 5.81\%$$

EVA ＝ NOPAT －投下資本×WACC

＝7,000－80,000×5.81％＝2,352百万円

エコノミック・プロフィット法とは、会計利益をベースに企業価値を算出する方法である。

乗数アプローチの評価指標（マルチプル）

次の〈資料〉の空欄㋐から㋒に当てはまる数値の適切な組み合わせを選びなさい。

〈資料〉

ROE（%）	8	PSR	㋐
PER	40	PBR	㋑
売上高当期純利益率（%）	1.25	株価（円）	600
自己資本比率（%）	30	シンプルq	㋒
発行済株式総数（百万株）	100		

① ㋐0.5　㋑3.2　㋒3.12
② ㋐1.0　㋑3.2　㋒1.66
③ ㋐0.5　㋑3.2　㋒1.66
④ ㋐0.88　㋑3.6　㋒1.5
⑤ ㋐0.88　㋑3.6　㋒3.12

解説

PER（株価収益率）＝ $\dfrac{株価}{1株当たり純利益（EPS）}$ より1株当たり純利益＝600÷40＝15円

当期純利益＝1株当たり純利益（EPS）×発行済株式総数＝15×100百万株＝1,500百万円

売上高＝当期純利益1,500百万円÷売上高当期純利益率1.25％＝120,000百万円

よって、PSR（株価売上高倍率）＝ $\dfrac{株価}{1株当たり売上高}$

$\qquad$ ＝600÷（120,000百万円÷100百万株）＝0.5　となる。

ROE＝ $\dfrac{当期純利益}{自己資本}$ より、自己資本＝1,500百万円÷8％＝18,750百万円

PBR（株価純資産倍率）＝ $\dfrac{株価}{1株当たり純資産}$

$\qquad$ ＝600÷（18,750百万円÷100百万株）＝3.2

総資産＝自己資本÷自己資本比率＝18,750百万円÷30％＝62,500百万円

負債簿価＝62,500百万円－18,750百万円＝43,750百万円

株式時価総額＝株価×発行済株式総数＝600円×100百万株＝60,000百万円

シンプルq＝ $\dfrac{株式時価総額＋負債簿価}{簿価総資産}$ ＝ $\dfrac{60,000百万円＋43,750百万円}{62,500百万円}$ ＝1.66

正解　③

問題 80 企業評価と EPS、PER、BPS、PBR

次の文章について、正しいものの組み合わせを選びなさい。

- (ア) EPSとは、普通株式にかかる当期純利益を普通株式の期末発行済株式数で除した指標であり、普通株式に関する1会計期間の成果を示す指標である。
- (イ) PERとは、株価をEPSで除して算定される指標であり、株価が何年分の利益を反映しているかを示しており、PERが低いほど市場の評価は高いと考えられる。
- (ウ) BPSとは、普通株式にかかる期末の純資産額を普通株式の期末発行済株式数で除した指標である。
- (エ) PBRとは、株価をBPSで除した指標である。PBRが1倍を下回る状態は株価が割安であることを表す。

① アウ ② アエ ③ イウ ④ イエ ⑤ ウエ

解説

誤っている選択肢について解説すると次のようになる。

(ア) EPSは普通株式にかかる当期純利益を普通株式の期中平均発行株式数で除した指標である。

(イ) PERが高いほど、株式が買われていることになり、投資家は高い成長率を期待していることになる。また、PERは、絶対的な評価指標ではなく、あくまでも相対的な指標に過ぎない。そのため、過去の推移や同業他社、あるいは市場平均と比較して、現在の株価の水準が割高なのか割安なのかを判断する必要がある。

よって(ウ)、(エ)が正しい。

株価水準を相対的に判断する指標として、PERのほかに株価キャッシュ・フロー倍率（PCFR）も用いられる。キャッシュ・フローに着目した指標で、算定式は次のとおりとなる。

$$株価キャッシュ・フロー倍率（PCFR）＝\frac{株価}{1株当たりキャッシュ・フロー}＝\frac{株式時価総額}{キャッシュ・フロー総額}$$

⑤ 答解

EV/EBITDA 倍率

企業価値の評価指標の１つである EV/EBITDA 倍率に関する文章について、正しい組み合わせを選びなさい。

(ア) その企業が生み出す利益（EBITDA）によって、買収に要した投下資本（EV）を何年で回収できるかを示す指標である。

(イ) EV とは、株主資本の価値と負債の価値の合計額であり、負債には企業が保有している現金預金や有価証券などを控除したネットの値を活用するケースが多い。

(ウ) EBITDA は税制や金利水準、減価償却方法の違いを排除できる指標である。

(エ) EV/EBITDA の指標の値が相対的に高い方が、株価は割安であると判断できる。

①アイ　　②アウ　　③アエ　　④アイウ　　⑤アイエ

解説

誤っている選択肢について解説すると次のようになる。

(エ) EV/EBITDA 倍率は、ある企業を買収した際に買収後何年で、その企業の生み出す利益によって、買収した投下資本（株式時価総額＋返済しなければならない有利子負債）を回収できるのかを示す評価指標である。相対的にこの倍率が低いほど、株価は割安と判断することができる。

よって(ア)、(イ)、(ウ)が正しい。

EV（Enterprise Value）とは、株主資本の価値と負債の価値の合計であり、株式の時価総額と有利子負債の合計額で算定される。

EBITDA（Earnings Before Interest, Tax, Depreciation and Amortization）とは、支払利息、税金、減価償却費を差し引く前の利益であり、税引前利益に支払利息と減価償却費を加算することで算定される。

82　負債の節税効果

　毎年、キャッシュ・フローを10億円獲得する借入金がゼロのA社が、以下の条件で借入を行う場合の企業価値を計算し、正しい数値を選びなさい。ただし、当該借入で財務的破綻にともなうリスクは変わらないものとする。なお、計算にあたって端数が出る場合は、小数点以下第1位を四捨五入すること。（例）1.2％→1％、1,234.5億円→1,235億円

新規借入額	100億円	有利子負債コスト	3.0％
無リスク利子率	2.5％	A社株式のベータ	0.8
株式市場の期待要求利回り	8.0％	法定実効税率	30％

　① 112億円　　② 130億円　　③ 142億円　　④ 175億円　　⑤ 184億円

解説

　借入金のない会社が、新たに負債を利用すると、負債利子の節税効果の現在価値部分だけ、企業価値が高まる。

　市場リスクプレミアム＝株式市場の期待要求利回り－無リスク利子率＝5.5％

　株主資本コスト＝2.5％＋0.8×5.5％＝6.9％

　株主資本価値（借入前）＝10億円÷6.9％＝144.927… →144.9億円

　負債の節税効果の現在価値＝新規借入額100億円×法定実効税率30％＝30億円

　合計＝174.9億円→175億円

　負債利子は、税法上損金に算入されるため、負債利子に税率を乗じた分の節税効果が生じる。負債額をD、負債コストをr、法定実効税率をtとすると、負債を利用することによる節税効果はDrtと表わすことができる。毎期、この節税効果分キャッシュ・フローが生じ、節税効果の現在価値合計は、毎期生じるDrtを負債コストで割り引いたDtとなる。したがって、負債を利用すると、負債を利用しない場合よりDt分企業価値が高まることになる。ただし、財務的破綻にともなうコストは考慮していない。

正解　④

第2部

論述式問題

論述式問題への対応

まず、収益性・生産性・安全性・不確実性・成長性という企業特性について、それぞれの指標と分析方法を体系的に学習する。

次に、算出した分析結果や数値の推移から、期間比較または企業間比較ができる力を養う。

論述式問題に対応するには、数値や指標を正確に算定する力が必要となるばかりでなく、分析対象である財務諸表等の数値が何を意味しているのかを考えておく必要がある。具体的な解答方法は、算出した数値や指標に基づいて、まず増加または減少あるいは悪化または好転している事実を指摘する。この際、算出した数値や指標を論述文の中に挿入して使う必要はない。なぜなら、算出した数値や指標が誤っている場合には、論述文自体も誤りになってしまうからである。論述文が誤りとなるリスクを回避するためには、文中に数値や指標ではなく傾向値を示せばよい。

以上のことを念頭に入れ、各問題を繰り返し解き、実際に文章を記述することにより、論述式問題への対応力が身につくことになる。

総合問題は資料の分量が多いので、まずは資料全体を網羅的に把握し、どのような前提や情報が与えられているか確認したうえで解答にとりかかることが望ましい。なお、問題によって、解答する数値や指標の端数処理が異なる場合もあるので注意が必要である。

論述式の解答用紙には、1行で約35字程度の文字数が記載できると考えられる。例題の解答例のように、必要事項をコンパクトに記載する必要がある。第2部の各問題では、解答の目安となる行数を示しておいたので、それを参考にしながら、どれぐらいの分量での記載が必要となるのかを考えながら文章を構成していく習慣を身につけてほしい。少なくとも目安の行数の70〜80％程度は記載できるようにしたい。次ページに白紙の解答用紙を準備しておくので適宜コピー等で活用していただきたい。

例題：わが国における投資関連のディスクロージャーのうち、代表的な強制開示の書類とその根拠を説明しなさい。（4行）

解答例

代表的な強制開示の書類としては、まず会社法による計算書類・連結計算書類がある。金融商品取引法においては、有価証券報告書・四半期報告書・内部統制報告書・有価証券届出書などがある。また、証券取引所の規則による連結決算短信の開示などがある。これらの開示は、IRといわれる任意開示と区別する必要がある。

収益性の分析（利益率）

A社に関する〈資料1〉から〈資料3〉により、【問1】から【問2】の設問に答えなさい。ただし、比率の算定において連結貸借表数値は期中平均値を使用すること。なお、△はマイナスを意味する。また、計算にあたって端数が出る場合は、小数点以下第2位を四捨五入すること。（例）1.23%→1.2%

〈資料1〉連結貸借対照表 （単位：百万円）

	X0年度	X1年度	X2年度	X3年度
資産の部				
資産合計		121,997	125,127	131,037
負債の部				
負債合計		25,041	23,624	24,899
純資産の部				
非支配株主持分	97	119	152	191
純資産合計	99,461	96,956	101,503	106,138
負債純資産合計	124,843	121,997	125,127	131,037

〈資料2〉連結損益計算書 （単位：百万円）

	X1年度	X2年度	X3年度
売上高	131,182	129,216	131,193
売上原価	53,972	50,849	51,839
売上総利益	77,210	78,367	79,354
販売費及び一般管理費	66,872	68,223	69,064
営業利益	10,338	10,144	10,290
営業外収益			
受取利息	31	27	23
受取配当金	19	14	16
その他	152	192	154
営業外収益合計	202	233	193
営業外費用			
支払利息	11	12	19
持分法による投資損失	13	42	45
その他	142	49	130
営業外費用合計	166	103	194
経常利益	10,374	10,274	10,289
特別利益			
固定資産売却益	21	6	51
その他	3	4	197
特別利益合計	24	10	248
特別損失			
固定資産除却損	21	29	58
減損損失	859	874	804
その他	196	6	80
特別損失合計	1,076	909	942
税金等調整前当期純利益	9,322	9,375	9,595
法人税、住民税及び事業税	3,362	3,369	3,249
法人税等調整額	7	52	239

法人税等合計		3,369	3,422	3,488
当期純利益		5,953	5,953	6,107
非支配株主に帰属する当期純利益		27	37	45
親会社株主に帰属する当期純利益		5,926	5,916	6,062

【問1】A社に関する資料にもとづき、各指標を計算しなさい。

	X1年度	X2年度	X3年度
総資本事業利益率	%	%	%
自己資本当期純利益率	%	%	%

【問2】【問1】の計算結果をふまえて、X1年度からX3年度にかけてのA社の収益性について分析しなさい。（3行）

解答

【問1】

	X1年度	X2年度	X3年度
総資本事業利益率	8.4%	8.2%	8.1%
自己資本当期純利益率	6.0%	6.0%	5.8%

【問2】

　X1年度からX3年度にかけて、A社の総資本事業利益率は8.4%から8.1%へ徐々に低下している。自己資本純利益率も、6.0%から5.8%に低下している。過去三期を通じて、企業全体の収益性も株主からみた収益性も悪化傾向にある。

解説

【問1】

　各事業年度毎の総資本事業利益率、自己資本当期純利益率を計算すると次のようになる。

（総資本事業利益率）

X1年度　8.41%→8.4%

$$\frac{営業利益10,338＋受取利息31＋受取配当金19}{(X0年度負債純資産合計124,843＋X1年度負債純資産合計121,997)÷2} \times 100$$

X2年度　8.24%→8.2%

$$\frac{10,144＋27＋14}{(121,997＋125,127)÷2} \times 100$$

X3年度　8.06%→8.1%

$$\frac{10,290 + 23 + 16}{(125,127 + 131,037) \div 2} \times 100$$

（自己資本当期純利益率）

X1年度　6.04%→6.0%

$$\frac{親会社株主に帰属する当期純利益5,926}{\{(X0年度純資産合計99,461 - 非支配株主持分97) + (X1年度純資産合計96,956 - 非支配株主持分119)\} \div 2}$$

X2年度　5.97%→6.0%

$$\frac{5,916}{\{(96,956 - 119) + (101,503 - 152)\} \div 2}$$

X3年度　5.84%→5.8%

$$\frac{6,062}{\{(101,503 - 152) + (106,138 - 191)\} \div 2}$$

【問2】

　企業全体の収益性を判断する指標が、総資本事業利益率である。総資産＝総資本であることから、総資産利益率はROAと呼ばれる。

　株主からの収益性を判断する指標が、自己資本当期純利益率である。当該比率は、自己資本に対比して計算された利益率であり、ROEと呼ばれる。

問題 84 収益性の分析（総合）

小売業2社に関する〈資料1〉および〈資料2〉により、【問1】から【問3】の設問に答えなさい。ただし、比率の算定において連結貸借対照表数値は期末の数値を用いること。なお、△はマイナスを意味する。また、計算にあたって端数が出る場合は、小数点以下第2位を四捨五入すること。（例）1.23％→1.2％

〈資料1〉連結貸借対照表

（単位：百万円）

	A社	B社
資産の部		
流動資産		
現金及び預金	159,192	38,815
受取手形及び売掛金	27,880	10,010
有価証券	－	7,000
棚卸資産	65,512	105,414
その他	11,011	10,043
貸倒引当金	△ 4	△ 2
流動資産合計	263,591	171,280
固定資産		
有形固定資産		
建物及び構築物	111,548	35,090
機械装置及び運搬具	3,713	2,209
工具器具備品	9,071	11,072
土地	173,010	1,866
リース資産	2,023	61
建設仮勘定	4,529	896
その他	3,489	31,267
無形固定資産	24,599	24,330
投資その他の資産		
投資有価証券	25,535	4,097
繰延税金資産	13,246	1,711
その他	48,889	22,631
固定資産合計	419,652	135,230
資産合計	683,243	306,510

	A社	B社
負債の部		
流動負債		
支払手形及び買掛金	19,774	28,133
短期借入金	2,787	4,200
未払費用	44,701	17,331
賞与引当金	4,020	1,334
その他	25,781	12,050
流動負債合計	97,063	63,048
固定負債		
長期借入金	4,000	873
繰延税金負債	－	3,334
退職給付に係る負債	1,343	40
資産除去債務	5,673	－
その他	14,306	30,724
固定負債合計	25,322	34,971
負債合計	122,385	98,019

純資産の部
　株主資本
　　資本金

	A社	B社
資本金	13,370	6,766
資本剰余金	25,074	10,875
利益剰余金	532,471	199,590
自己株式	△ 10,875	△ 13,984
株主資本合計	560,040	203,247

その他の包括利益累計額
　その他有価証券評価差額金
　為替換算調整勘定
　退職給付に係る調整累計額

その他の包括利益累計額合計	529	794
新株予約権	289	754
非支配株主持分	－	3,696
純資産合計	560,858	208,491
負債純資産合計	683,243	306,510

（注1）　現金及び預金のうち、余剰資金の利殖目的で保有されている金額は、A社105,670百万円、B社2,255百万円である。流動資産の「その他」および投資その他の資産の「その他」に、利殖目的で保有されている資産は含まれていない。

（注2）　投資有価証券には関連会社株式がA社には1,520万円、B社には750万円含まれている。

〈資料2〉連結損益計算書

（単位：百万円）

	A社	B社
売上高	642,273	438,715
売上原価	287,909	221,084
売上総利益	354,364	217,631
販売費及び一般管理費	246,886	181,248
営業利益	107,478	36,383
営業外収益		
受取利息	522	566
受取配当金	36	113
持分法による投資利益	588	76
有価証券運用益	374	－
その他	956	459
営業外収益合計	2,476	1,214
営業外費用		
支払利息	283	892
その他	149	326
営業外費用合計	432	1,218
経常利益	109,522	36,379
特別利益		
固定資産売却益	315	1
その他	311	17
特別利益合計	626	18
特別損失		
固定資産除却損	99	567
減損損失	4,090	1,181
その他	889	44
特別損失合計	5,078	1,792
税金等調整前当期純利益	105,070	34,605
法人税、住民税及び事業税	34,979	12,717
法人税等調整額	△ 1,304	△ 807
法人税等合計	33,675	11,910
当期純利益	71,395	22,695
非支配株主に帰属する当期純利益	－	△ 559
親会社株主に帰属する当期純利益	71,395	23,254

【問1】 解答用紙に示している各指標を計算し、これらの指標をふまえて、A社とB社の収益性に違いをもたらしている要因を分析しなさい。(10行)

	A社	B社
総資本事業利益率	％	％
売上高事業利益率	％	％
総資本回転率	回	回

【問2】 企業の使用総資本は、経営資本と金融活動資本に区分することができる。この区分にもとづいて解答用紙に示している各金額と指標を計算し、両社の収益性について分析しなさい。(6行)

　　なお、投資その他の資産のうち関連会社株式以外の資産は、すべて金融活動資本として取り扱い、経営資本に建設仮勘定を含むものとする。

	A社	B社
経営資本	百万円	百万円
金融活動資本	百万円	百万円
経営資本営業利益率	％	％
金融活動の利益率	％	％

解答

【問1】

	A社	B社
総資本事業利益率	15.9％	12.1％
売上高事業利益率	16.9％	8.5％
総資本回転率	0.9回	1.4回

　総資本事業利益率はA社の方がB社より上回っており、総資本からみた収益性はA社の方が優れていると判断することができる。要因を分析するために総資本事業利益率を分解すると、総資本回転率はB社の方が1.5倍程度上回っているが、売上高事業利益率はA社の方がB社と比較して2倍程度高いことがわかる。売上高事業利益率をさらに分析するために、売上原価率を比較するとA社が45％に対しB社は50％とA社のほうがB社よりも低いことがわかる。売上高販売費及び一般管理費率はB社の41％に対しA社が38％と利益を生みやすい損益構造となっている。結果、A社の総資本回転率はB社と比較して劣っているものの、A社は事業利益を生み出しやすい費用構造のため、総資本事業利益率はB社よりも優れている。

【問2】

	A社	B社
経営資本	491,423百万円	269,566百万円
金融活動資本	191,820百万円	36,944百万円
経営資本営業利益率	22.0%	13.5%
金融活動の利益率	0.3%	1.8%

　A社、B社ともに経営資本営業利益率が金融活動の利益率を大きく上回っている。両者ともに本業の収益性が金融活動の収益性よりも高いことから、正常な状態にあると判断することができる。A社とB社の利益率を比較すると経営資本営業利益率は、A社の方が上回っている。一方、金融活動の利益率はB社の方が上回っている。このことから、本業の収益性はA社の方が上回る一方、金融活動の収益性はB社の方が高いと判断することができる。

解説

【問1】

A社：総資本事業利益率 $= \dfrac{\text{事業利益108,624}}{\text{総資本683,243}} \times 100 = 15.89 \to 15.9\%$

　　　事業利益108,624 = 営業利益107,478 + 受取利息522 + 受取配当金36 + 持分法による投資利益588

B社：総資本事業利益率 $= \dfrac{\text{事業利益37,138}}{\text{総資本306,510}} \times 100 = 12.11 \to 12.1\%$

　　　事業利益37,138 = 営業利益36,383 + 受取利息566 + 受取配当金113 + 持分法による投資利益76

　A社とB社の総資本事業利利益率を比較するとA社がB社を上回っており、A社の方が優れていると判断できる。総資本事業利益率は、売上高事業利益率と総資本回転率に分解し、その優劣について要因分析することができる。

A社：売上高事業利益率 $= \dfrac{\text{事業利益108,624}}{\text{売上高642,273}} \times 100 = 16.9 \to 16.9\%$

　　　総資本回転率 $= \dfrac{\text{売上高642,273}}{\text{総資本683,243}} = 0.94 \to 0.9回$

B社：売上高事業利益率 $= \dfrac{\text{事業利益37,138}}{\text{売上高438,715}} \times 100 = 8.46 \to 8.5\%$

$$総資本回転率 = \frac{売上高438,715}{総資本306,510} = 1.43 \rightarrow 1.4回$$

　総資本回転率をみると、A社が0.9回、B社が1.4回であり、B社の方がA社を上回っている。一方、売上高事業利益率をみるとA社が16.9％であり、B社の8.5％と比べ2倍程度の水準となっていることがわかる。売上高事業利益率をさらに分析するために、売上高原価率と売上高販売費及び一般管理費率を求めてみる。

$$A社：売上原価率 = \frac{売上原価287,909}{売上高642,273} \times 100 = 44.82 \rightarrow 44.8\%$$

$$B社：売上原価率 = \frac{売上原価221,084}{売上高438,715} \times 100 = 50.39 \rightarrow 50.4\%$$

$$A社：売上高販売費及び一般管理費率 = \frac{販売費及び一般管理費246,886}{売上高642,273} = 38.43 \rightarrow 38.4\%$$

$$B社：売上高販売費及び一般管理費率 = \frac{販売費及び一般管理費181,248}{売上高438,715} = 41.31 \rightarrow 41.3\%$$

　売上原価率、売上高販売費及び一般管理費率ともにB社と比較してA社の方が低く、結果としてA社の売上高事業利益率はB社と比べ2倍程度の水準となっている。

【問2】
A社：金融活動資本191,820＝余剰資金の利殖目的保有の現金及び預金105,670＋有価証券0＋（投資およびその他の資産合計87,670－関連会社株式1,520）
A社：経営資本491,423＝使用総資本（総資本）683,243－金融活動資本191,820

B社：金融活動資本36,944＝余剰資金の利殖目的保有の現金及び預金2,255＋有価証券7,000＋（投資およびその他の資産合計28,439－関連会社株式750）
B社：経営資本269,566＝使用総資本（総資本）306,510－金融活動資本36,944

　本問において、関連会社株式は経営資本に含まれるので、経営資本営業利益率の分子には営業利益に持分法による投資利益を含む。

$$A社：経営資本営業利益率 = \frac{営業利益107,478＋持分法による投資利益588}{経営資本491,423} \times 100 = 21.99 \rightarrow 22.0\%$$

$$A社：金融活動の利益率 = \frac{受取利息522＋受取配当金36}{金融活動資本191,820} \times 100 = 0.29 \rightarrow 0.3\%$$

B社：経営資本営業利益率 $= \dfrac{\text{営業利益36,383} + \text{持分法による投資利益76}}{\text{経営資本269,566}} \times 100 = 13.52 \rightarrow 13.5\%$

B社：金融活動の利益率 $= \dfrac{\text{受取利息566} + \text{受取配当金113}}{\text{金融活動資本36,944}} \times 100 = 1.83 \rightarrow 1.8\%$

　総資本を金融活動資本と経営資本に区分すると、各資本が総資本事業利益率にどのくらい貢献したかを分析することができる。A社を例にすると以下のとおりとなる。

	利益率		構成比率		積
経営資本	21.99％	×	71.93％	=	15.82％
金融活動資本	0.29％	×	28.07％	=	0.08％
合計			100％	=	15.90％

経営資本構成比率 $= \dfrac{\text{経営資本491,423}}{\text{総資本683,243}} \times 100 = 71.93\%$

金融活動資本構成比率 $= \dfrac{\text{金融活動資本191,820}}{\text{総資本683,243}} \times 100 = 28.07\%$

デュポン・システム

　A社とB社の連結財務諸表に関する〈資料1〉から〈資料3〉により【問1】から【問3】の設問に答えなさい。ただし、金額の単位は百万円とし、△はマイナスを意味する。なお、計算にあたって端数が生じる場合は、比率については小数点第3位を四捨五入し、金額については百万円未満を四捨五入をすること。(例)1.232%→1.23%、12.6百万円→13百万円

〈資料1〉X1年度連結貸借対照表

(単位：百万円)

	A社	B社
資産の部		
流動資産		
現金及び預金	118,489	597,187
受取手形及び売掛金	316,162	435,343
棚卸資産	85,059	286,300
その他	274,490	319,988
貸倒引当金	△ 5,146	△ 6,188
流動資産合計	789,054	1,632,630
固定資産		
有形固定資産		
建物及び構築物	168,010	146,759
機械装置及び運搬具	145,526	260,880
工具器具備品	13,300	44,062
土地	136,955	255,013
リース資産	35,101	―
建設仮勘定	25,462	50,361
無形固定資産	8,092	4,368
投資その他の資産		
投資有価証券	98,698	244,573
繰延税金資産	10,942	14,773
その他	7,675	48,586
固定資産合計	649,761	1,069,375
資産合計	1,438,815	2,702,005

	A社	B社
負債の部		
流動負債		
支払手形及び買掛金	239,898	466,679
短期借入金	133,281	266,489
未払費用	75,928	213,181
製品保証引当金	12,176	66,032
その他	95,330	133,575
流動負債合計	556,613	1,145,956
固定負債		
長期借入金	68,109	266,797
繰延税金負債	3,318	7,484
退職給付に係る負債	64,458	56,346
その他	7,190	37,721
固定負債合計	143,075	368,348
負債合計	699,688	1,514,304

純資産の部		
株主資本		
資本金	28,404	138,014
資本剰余金	10,978	144,166
利益剰余金	596,333	913,656
自己株式	△ 613	△ 191,169
株主資本合計	635,102	1,004,667
その他の包括利益累計額		
その他有価証券評価差額金	18,953	77,624
為替換算調整勘定	△ 19,121	△ 115,014
退職給付に係る調整累計額	△ 15,213	△ 9,580
その他の包括利益累計額合計	△ 15,381	△ 46,970
新株予約権	0	188
非支配株主持分	119,406	229,816
純資産合計	739,127	1,187,701
負債純資産合計	1,438,815	2,702,005

〈資料2〉X1年度連結損益計算書

(単位：百万円)

	A社	B社
売上高	1,690,308	3,180,659
売上原価	1,346,436	2,313,779
売上総利益	343,872	866,880
販売費及び一般管理費	260,485	671,571
営業利益	83,387	195,309
営業外収益		
受取利息	4,805	13,774
受取配当金	1,245	7,111
持分法による投資利益	5,821	—
その他	3,780	16,067
営業外収益合計	15,651	36,952
営業外費用		
支払利息	1,728	6,381
持分法による投資損失	—	2,492
その他	5,637	14,277
営業外費用合計	7,365	23,150
経常利益	91,673	209,111
特別利益		
固定資産売却益	—	1,813
その他	848	36,760
特別利益合計	848	38,573
特別損失		
固定資産除却損	679	1,730
減損損失	614	322
特別損失合計	1,293	2,052
税金等調整前当期純利益	91,228	245,632
法人税、住民税及び事業税	26,006	87,279
法人税等調整額	3,934	5,051
法人税等合計	29,940	92,330
当期純利益	61,288	153,302
非支配株主に帰属する当期純利益	19,379	36,640
親会社株主に帰属する当期純利益	41,909	116,662

〈資料3〉その他のデータ　　　　　　　　　　　　　　　（単位：百万円）

	A社	B社
X0年度末の総資産	1,518,604	3,252,801
X0年度純資産額	751,173	1,701,390
X0年度末の新株予約権	0	250
X0年度末の非支配株主持分	132,664	219,048

【問1】A社およびB社のデュポン・システムに関する指標を計算しなさい。

	A社	B社
売上高当期純利益率	％	％
総資本回転率	回	回
財務レバレッジ	倍	倍

【問2】デュポン・システムの結果をふまえてA社およびB社の収益性について比較分析しなさい。（5行）

【問3】【問2】の結果をふまえて、業績が悪化し損失が生じた場合の収益性に対する影響について、財務レバレッジの観点からA社およびB社を比較分析しなさい。（6行）

解答

【問1】

	A社	B社
売上高当期純利益率	2.48％	3.67％
総資本回転率	1.14回	1.07回
財務レバレッジ	2.39倍	2.44倍

【問2】

　A社の自己資本当期純利益率は6.77％であるのに対し、B社の自己資本当期純利益率が9.56％であり、B社の収益性の方が優れている。自己資本当期純利益率をデュポン・システムにより要因分析すると、総資本回転率を除いてB社の方が優れている。特にB社の売上高当期純利益率がA社のそれより優れていることが収益性の差の要因であると判断できる。

【問3】

　A社の財務レバレッジは2.39倍、B社の財務レバレッジは2.44倍と計算され1より大きいことから、売上高当期純利益率と総資本回転率から構成される自己資本当期純

利益率を押し上げる効果がある。B社の財務レバレッジはA社のそれより大きいことから、業績が悪化し損失が生じた場合、自己資本当期純利益率のマイナスに悪化させる効果はA社よりも大きくなり、収益性により多くの影響を与えることになる。

解説

【問1】

（売上高当期純利益率）

A社：$\dfrac{\text{親会社に帰属する当期純利益41,909}}{\text{売上高1,690,308}} \times 100 = 2.479 \quad \rightarrow 2.48\%$

B社：$\dfrac{\text{親会社に帰属する当期純利益116,662}}{\text{売上高3,180,659}} \times 100 = 3.667 \quad \rightarrow 3.67\%$

（総資本回転率）

A社：$\dfrac{\text{売上高1,690,308}}{\text{期中平均総資本1,478,710}} = 1.143 \quad \rightarrow 1.14\text{回}$

A社：期中平均総資本 $= \dfrac{\text{X0年度総資本額1,518,604} + \text{X1年度総資本額1,438,815}}{2} = 1,478,710$

B社：$\dfrac{\text{売上高3,180,659}}{\text{期中平均総資本2,977,403}} = 1.068 \quad \rightarrow 1.07\text{回}$

B社：期中平均総資本 $= \dfrac{\text{X0年度総資本額3,252,801} + \text{X1年度総資本額2,702,005}}{2} = 2,977,403$

（財務レバレッジ）

A社：$\dfrac{\text{期中平均総資本1,478,710}}{\text{期中平均自己資本619,115}} = 2.388 \quad \rightarrow 2.39\text{倍}$

X0年度自己資本 = X0年度純資産合計額751,173 － X0年度新株予約権 0 － X0年度非支配株主持分132,664 = 618,509

X1年度自己資本 = X1年度純資産合計額739,127 － X1年度新株予約権 0 － X1年度非支配株主持分119,406 = 619,721

期中平均自己資本 $= \dfrac{\text{X0年度自己資本618,509} + \text{X1年度自己資本619,721}}{2} = 619,115$

B社：$\dfrac{\text{期中平均総資本2,977,403}}{\text{期中平均自己資本1,219,895}} = 2.440 \quad \rightarrow 2.44\text{倍}$

X0年度自己資本 = X0年度純資産合計額1,701,390 － X0年度新株予約権250 － X0年度非支配株主持分219,048 = 1,482,092

$$X1年度自己資本＝X1年度純資産合計額1,187,701－X1年度新株予約権188－X1$$
$$年度非支配株主持分229,816＝957,697$$

$$期中平均自己資本＝\frac{X0年度自己資本1,482,092＋X1年度自己資本957,697}{2}＝1,219,895$$

【問2】

（自己資本当期純利益率）

A社：$\dfrac{親会社株主に帰属する当期純利益41,909}{期中平均自己資本619,115}＝6.769$　→6.77％

B社：$\dfrac{親会社株主に帰属する当期純利益116,662}{期中平均自己株式1,219,895}＝9.563$　→9.56％

　自己資本当期純利益率（ROE）は売上高当期純利益率、総資本回転率、財務レバレッジの3要素に分解することができる。

> 自己資本当期純利益率＝売上高当期純利益率×総資本回転率×財務レバレッジ

　自己資本当期純利益率を3分解して比較すると、自己資本当期純利益率に及ぼす影響は総資本回転率はB社が劣るものの、財務レバレッジはほぼ同水準であり、一番の要因は売上高当期純利益率であることがわかる。

【問3】

　財務レバレッジは、自己資本÷総資本として計算される自己資本比率の逆数であり、総資本が自己資本の何倍に達しているかを表す数値である。使用する総資本のうち、他人資本による調達があれば、この数値は1.0倍を超え、自己資本当期純利益率を大きくさせる効果があることがわかる。式から導かれることは、財務レバレッジが高ければ、利益率の増加時に効果がある一方で、損失が発生した場合には損失拡大の方向に影響することがわかる。

生産性の分析について、次の各問に答えなさい。

> 【問1】付加価値額の計算方法である控除法と加算法について説明しなさい。（5行）
>
> 【問2】加算法による付加価値額の計算において、「非支配株主に帰属する当期純利益」はどのように扱うのが適切か、財務諸表分析における「非支配株主持分」の位置づけをふまえて説明しなさい。（6行）
>
> 【問3】労働生産性を上昇させる方法について、有形固定資産と関連づけて説明しなさい。（6行）
>
> 【問4】労働分配率を高めることは、従業員1人当たりの人件費を引き上げる効果があるが、労働分配率を高めるには限界があるという主張がある。この主張について説明しなさい。（7行）

解答

【問1】

　控除法は、企業の売上高または総生産高から、原材料やエネルギーなど、前の段階の企業が生産し提供した価値の消費部分を控除することにより付加価値額を計算する方法である。一方、加算法は、付加価値の配分先に着目し、人件費、賃借料、税金、他人資本利子、当期純利益の合計額を付加価値額として計算する方法である。

【問2】

　「非支配株主持分」は、子会社に出資している少数株主の取り分であり、企業集団を支配する親会社株主に帰属する金額ではない。このことから、財務諸表分析では「非支配株主持分」を自己資本ではなく固定負債に準じて取り扱うことが一般的である。よって、付加価値額の計算においても、「非支配株主に帰属する当期純利益」を他人資本利子として集計することが適切である。

【問3】

　労働生産性を有形固定資産の金額と関連づけて分解すると、「労働装備率×設備生産性」となる。労働装備率は従業員1人当たりの設備投資額を示し、設備生産性は有形固定資産1単位当たりの付加価値額、すなわち現有設備の利用度を示している。したがって、労働生産性は、設備投資を促進するとともに、その利用度を高めることによって上昇させることができる。

【問4】

　従業員1人当たりの人件費は、「労働生産性×労働分配率」で求められる。よって、労働生産性または労働分配率を高めることにより、従業員1人当たりの人件費を引き上げることができる。労働分配率は、付加価値額のうちに占める人件費の割合であり、労働分配率を高めると、株主に帰属すべき税引後利益が減少するなど他の分配項目に影響が及ぶ。したがって、労働分配率を高めることには限界があり、従業員1人当たりの人件費を引き上げるためには、労働生産性を高めることが不可欠の要件となる。

解説

【問1】

　付加価値とは、企業が新たに生み出した価値であり、その計算方法には、控除法と加算法がある。控除法は、売上高または総生産高から、原材料やエネルギーなど、前の段階の企業が提供した価値の消費部分を控除することにより付加価値を計算する方法である。加算法は、付加価値の分配先に着目して、その合計額を求める方法である。

【問2】

　加算法による付加価値の計算要素には、他人資本利子が含まれる。他人資本利子は、有利子負債の提供者に金利として分配した付加価値であり、損益計算書の支払利息や社債利息が該当する。なお、「非支配株主持分」は、財務諸表分析では自己資本ではなく固定負債に準じて扱うことが一般的であるので、「非支配株主に帰属する当期純利益」も他人資本利子として集計する。

【問3】

$$労働生産性 = 労働装備率 \left(\frac{平均有形固定資産}{平均従業員数} \right) \times 設備生産性 \left(\frac{付加価値額}{平均有形固定資産} \right)$$

$$\downarrow \qquad\qquad\qquad\qquad \downarrow$$

従業員1人当たりの設備投資額　　　有形固定資産1単位当たりの付加価値額

　上記より、従業員1人当たりの設備投資額を増加させ、有形固定資産1単位当たりの付加価値額を増加させる（利用度を高める）ことにより、労働生産性を上昇させることができる。

【問4】

$$1人当たり人件費＝労働生産性\left(\frac{付加価値額}{平均従業員数}\right)×労働分配率\left(\frac{人件費}{付加価値額}\right)$$

　上記より、1人当たり人件費を引き上げるためには、労働生産性か労働分配率を高める必要がある。しかし、人件費を増やして労働分配率を高めると、株主に帰属すべき税引後利益が減少するなど、他の分配項目に影響が及ぶ。よって、1人当たり人件費を高めるためには、労働生産性を高めることが不可欠の要件となる。

生産性の分析：主な指標

$$労働生産性＝\frac{付加価値額}{平均従業員数}$$

$$＝\frac{売上高}{平均従業員数}×\frac{付加価値額}{売上高}$$

1人当たり売上高　×　付加価値率

$$＝\frac{平均有形固定資産}{平均従業員数}×\frac{付加価値額}{平均有形固定資産}$$

労働装備率　×　設備生産性

$$1人当たり人件費＝\frac{人件費}{平均従業員数}$$

$$＝\frac{付加価値額}{平均従業員数}×\frac{人件費}{付加価値額}$$

労働生産性　×　労働分配率

---

87 安全性の分析（流動比率、当座比率）

A社とB社に関する〈資料〉により、【問1】から【問3】の設問に答えなさい。
なお、△はマイナスを意味する。また、計算にあたって端数が出る場合は、小数点以下第2位を四捨五入すること。（例）1.23%→1.2%

〈資料〉
X1年度貸借対照表　抜粋
（単位：百万円）

	A社	B社		A社	B社
流動資産			流動負債		
現金及び預金	3,600	5,000	支払手形	4,300	2,000
受取手形	2,000	1,000	買掛金	2,500	5,000
売掛金	10,000	6,000	短期借入金	3,500	―
有価証券	400	300	リース債務	300	―
棚卸資産	3,200	1,300	未払金	1,800	3,100
その他	1,600	300	その他	7,000	800
貸倒引当金	△10	△3	流動負債合計	19,400	10,900
流動資産合計	20,790	13,897			

【問1】　A社とB社における流動比率、当座比率を計算しなさい。

【問2】　流動比率、当座比率のそれぞれの指標の意味を説明しなさい。（7行）

【問3】　上記の比率によりA社とB社の安全性について比較分析しなさい。（4行）

解答

【問1】

A社　流動比率　107.2%　　当座比率　82.4%

B社　流動比率　127.5%　　当座比率　112.8%

【問2】

　流動比率は流動負債に対する流動資産の割合として計算され、短期的に返済が必要な負債をどのくらい短期的に現金化できる資産がカバーしているかという短期の債務返済能力を示す指標である。比率が高いほど、短期的に財務安全性が高いといえる。100%が一つの目安となっている。

　当座比率は流動比率の補助的指標であり、流動資産のうち、より換金性の高い当座資産がどれだけ短期的に返済が必要な負債をカバーしているかを示している。当座資産には現金及び預金、受取手形、売掛金、有価証券が含まれる。

【問3】

　A社もB社も流動比率が100％を超えており、短期的な財務安全性は良好であると判断できる。両社を比較すると流動比率も当座比率もB社がA社より高く、B社の方が安全性が高いといえる。また、B社は当座比率が100％を超えており、この点においても短期的な債務返済能力はA社より優れているといえる。

解説

【問1】

流動比率＝流動資産合計÷流動負債合計
　　A社　流動比率＝20,790÷19,400＝107.16…％→107.2％
　　B社　流動比率＝13,897÷10,900＝127.49…％→127.5％

当座比率＝当座資産÷流動負債合計

当座資産＝現金及び預金＋受取手形＋売掛金＋有価証券－貸倒引当金
　　A社　当座比率＝（3,600＋2,000＋10,000＋400－10）÷19,400＝82.42…％→82.4％
　　B社　当座比率＝（5,000＋1,000＋6,000＋300－3）÷10,900＝112.81…％→112.8％

【問2】

　受取手形と売掛金は貸倒引当金を控除する前の金額で表示されているので、貸倒引当金を控除しなければならない。

　また、当座資産に棚卸資産は含まれない。棚卸資産を早期に換金化するには、一定の販売努力が必要であり、また、製造業の場合、棚卸資産には製造途中の仕掛品や製造工程投入前の原材料も含まれ、現金化するには一定の時間を要するためである。

> 　棚卸資産は正常営業循環基準により、流動資産に分類されており、1年を超えて保有していたとしても流動資産となる。棚卸資産の金額が増大している場合、過大な在庫、不良在庫の存在の可能性が考えられるため、注意する必要がある。

短期の安全性分析における代表的な分析指標

① 　流動比率(%)＝流動資産÷流動負債

② 　当座比率(%)＝当座資産÷流動負債

③ 　手元流動性比率(月)＝$\dfrac{\text{手元流動性の期首・期末平均額}}{\text{売上高}÷12}$

　　手元流動性＝現金及び預金＋有価証券

　　手元流動性比率は短期の支払資金（現金及び預金、有価証券）が月次の売上高の何カ月分に相当するかを示す指標である。

④ 　正味運転資本＝流動資産－流動負債

⑤ 　ネット・キャッシュ＝手元流動性－有利子負債

　　有利子負債＝短期借入金＋長期借入金＋リース債務（流動・固定）＋社債

⑥ 　インタレスト・カバレッジ・レシオ（倍）

　　＝$\dfrac{\text{営業利益＋持分法による投資利益＋受取利息・配当金}}{\text{支払利息・社債利息等}}$

安全性の分析（短期・長期の安全性）

A社とB社に関する〈資料〉により、【問1】から【問3】の設問に答えなさい。なお、△はマイナスを意味する。また、計算にあたって端数が出る場合は、小数点以下第2位を四捨五入すること。（例）1.23%→1.2%

〈資料〉連結貸借対照表　抜粋

（単位：百万円）

	A社	B社		A社	B社
流動資産合計	1,500	1,250	流動負債合計	3,000	800
有形固定資産	13,500	610	固定負債合計	8,600	220
無形固定資産	200	40	負債合計	11,600	1,020
投資その他の資産	1,100	350	株主資本	4,000	1230
固定資産合計	14,800	1,000	その他の包括利益累計額	700	△10
繰延資産合計	10	0	非支配株主持分	10	10
			純資産合計	4,710	1,230
資産合計	16,310	2,250	負債純資産合計	16,310	2,250

【問1】両社の①流動比率　②固定比率　③固定長期適合率　④自己資本比率を計算しなさい。

【問2】固定比率、固定長期適合率、自己資本比率のそれぞれの意味を説明しなさい。（11行）

【問3】上記を踏まえて、両社の短期、長期の安全性について比較分析しなさい。（8行）

解答

【問1】

	A社	B社
①流動比率	50.0%	156.3%
②固定比率	315.1%	82.0%
③固定長期適合率	111.3%	69.0%
④自己資本比率	28.8%	54.2%

【問2】

　固定比率は長期的に投下されている資金が、どの程度返済を必要としない資金でまかなわれているかを示す指標で、固定資産と繰延資産の合計額を自己資本で割って計算される。100%未満であれば、自己資本の範囲内で、回収に時間のかかる長期の資金運用がなされていることを示しており、長期的に財務安全性が高いことを表す。

固定長期適合率は長期的に返済の必要のない固定負債と純資産額合計とを合わせた金額の範囲内で、どの程度固定的な資産に資金が投下されているかを示す指標で、固定資産と繰延資産の合計を、純資産額合計と固定負債を合わせた金額で割って計算される。固定比率が100%を超えていたとしても、少なくとも固定長期適合率が100%を下回っていることが長期の財務安全性からは望ましい。

自己資本比率は総資本に占める自己資本の割合で、調達した資金全体の中で返済を要しない資金の割合を示す。この比率が高いほど、長期の財務安全性が高いといえる。

【問3】

A社は流動比率が100%を大幅に下回っており、短期的に返済が必要な負債が早期に現金化できる資産によって充当できていない状態であり、短期の債務支払能力は低いと判断される。一方、B社の流動比率は100%を上回っており、短期の債務支払能力は高い。A社の固定比率は100%を大幅に上回っており、また、固定長期適合率も100%を超えていることから、長期的に返済猶予がある資金で固定資産をまかなうことができていない状態であり、長期的財務安全性は良好とはいえない。B社は固定比率、固定長期適合率どちらも100%を下回っており、長期的財務安全性は高い。自己資本比率もB社の方がA社より高く、長期的財務安全性は高いと判断できる。

解説

【問1】

①流動比率＝流動資産合計÷流動負債合計

　A社　$1,500 \div 3,000 = 50.0\%$

　B社　$1,250 \div 800 = 156.25\% \rightarrow 156.3\%$

②自己資本＝株主資本＋その他の包括利益累計額

　固定比率＝（固定資産合計＋繰延資産合計）÷自己資本

　A社　$4,000 + 700 = 4,700$

　$(14,800 + 10) \div 4,700 = 315.10\cdots\% \rightarrow 315.1\%$

　B社　$1,230 + \triangle 10 = 1,220$

　$(1,000 + 0) \div 1,220 = 81.96\cdots\% \rightarrow 82.0\%$

③固定長期適合率＝（固定資産合計＋繰延資産合計）÷（純資産合計＋固定負債合計）

　A社　$(14,800 + 10) \div (4,710 + 8,600) = 111.26\cdots\% \rightarrow 111.3\%$

　B社　$(1,000 + 0) \div (1,230 + 220) = 68.96\cdots\% \rightarrow 69.0\%$

④自己資本比率＝自己資本÷総資本

　A社　$4,700 \div 16,310 = 28.81\cdots\% \rightarrow 28.8\%$

　B社　$1,220 \div 2,250 = 54.22\cdots\% \rightarrow 54.2\%$

安全性の分析（総合）

　A社に関する〈資料1〉および〈資料2〉により、【問1】から【問4】の設問に答えなさい。なお、△はマイナスを意味する。計算にあたって端数が出る場合は、小数点以下第2位を四捨五入すること。（例）1.23%→1.2%

〈資料1〉　連結貸借対照表　抜粋　　（単位：百万円）

	X1年度	X2年度
流動資産合計	30,100	24,000
流動負債合計	10,700	10,600
固定負債合計	5,200	6,400
株主資本	22,000	15,200
その他の包括利益累計額	100	100
純資産合計	22,100	15,300
負債純資産合計	38,000	32,300

〈資料2〉連結キャッシュ・フロー計算書　抜粋　　（単位：百万円）

	X1年度	X2年度
営業活動によるキャッシュ・フロー	1,200	△4,800
売上債権の増減額（△は増加額）	3,000	△2,200
利息及び配当金の受取額	50	5

【問1】A社の各年度における流動比率、自己資本比率を計算し、その結果をふまえて安全性について評価しなさい。（4行）

【問2】A社のX1年度、X2年度の売上高はそれぞれ64,000百万円、50,000百万円である。各年度の経常収支比率を計算し、その結果をふまえて資金繰りから見た安全性を評価しなさい。（5行）

【問3】企業の安全性を評価するにあたって、【問1】の貸借対照表から得られる指標に加え、【問2】の経常収支比率のような指標も考慮に入れなければならない理由を説明しなさい。（7行）

【問4】A社のX1年度からX2年度にかけての上記資料の各数値の変化の中で、経営成績の状況を推測させる注目すべき変化を2つ挙げなさい。

解答

【問1】

	X1年度	X2年度
流動比率	281.3%	226.4%
自己資本比率	58.2%	47.4%

　X1年度に比べX2年度の流動比率は低下しているが、目安である100％を大きく上回っており、短期の債務返済能力は高いといえる。自己資本比率もX1年度に比べX2年度は低下し、悪化しているが、上場企業の平均値が40％程度であることを考えれば、長期の財務安全性は良好であると判断できる。

【問2】

	X1年度	X2年度
経常収支比率	101.8%	90.9%

　経常収支比率はX2年度にかけて悪化している。X1年度の経常収支比率は100％を上回っていたが、X2年度の経常収支比率は90.9％となり、100％を下回っている。X2年度は経常的な活動に伴う支出が収入を上回っている状況である。つまり、経常的な活動にかかる資金が不足している状況であり、この状況が続けば、事業継続が危うくなる。A社の資金繰りから見た安全性は良好ではない。

【問3】

　企業の債務返済能力を評価するにあたっては、特定時点における資産、負債、純資産の残高だけではなく、収入、支出というフローの大きさやタイミングも重要であるが、貸借対照表の数値による分析にはそれらが考慮されていない。貸借対照表の数値にもとづく指標は、保有する資産を処分して負債の支払に充当することが仮定されているが、現実の債務の返済能力は、保有資産の多寡だけではなく、企業の収益性そのものに大きく依存していると考えられる。そのため、経常収支比率などのフロー数値を用いた動的な指標も考慮に入れて評価しなければならない。

【問4】

① 営業活動によるキャッシュ・フローのマイナス。
② 株主資本の減少。

【問1】

流動比率＝流動資産合計÷流動負債合計

    X1年度　　30,100÷10,700＝281.30…%→281.3%

    X2年度　　24,000÷10,600＝226.41…%→226.4%

自己資本＝株主資本＋その他の包括利益累計額

    X1年度　　22,000＋100＝22,100

    X2年度　　15,200＋100＝15,300

自己資本比率＝自己資本÷総資本

    X1年度　　22,100÷38,000＝58.15…%→58.2%

    X2年度　　15,300÷32,300＝47.36…%→47.4%

【問2】

経常的収入＝売上収入＋金融収入＝（売上高－売上債権の増加）＋利息および配当金の受取額

    X1年度　　（64,000－△3,000）＋50＝67,050

    X2年度　　（50,000－2,200）＋5＝47,805

経常的支出＝経常的収入－営業活動によるキャッシュ・フロー

    X1年度　　67,050－1,200＝65,850

    X2年度　　47,805－△4,800＝52,605

経常収支比率＝経常的収入÷経常的支出

    X1年度　　67,050÷65,850＝101.82…%→101.8%

    X2年度　　47,805÷52,605＝90.87…%→90.9%

【問4】

  X2年度は営業活動によるキャッシュ・フローがマイナスになっており、また株主資本の金額が22,000百万円から15,200百万円に大幅に減少している。このことから、連結損益計算書上で営業損失や当期純損失が計上されている可能性が推測され、経営成績が悪化していると考えられる。

問題 90 不確実性の分析（損益分岐点分析）

A社に関する次の〈資料1〉および〈資料2〉により、【問1】から【問3】の設問に答えなさい。ただし、金額の単位は百万円とする。なお、計算にあたって端数が出る場合は、小数点以下第2位を四捨五入すること。（例）1.23% → 1.2%

〈資料1〉連結損益計算書　　　　　　　　　　　　　　　　　　　（単位：百万円）

	X1年度	X2年度
売上高	90,000	95,000
売上原価	66,420	71,580
売上総利益	23,580	23,420
販売費及び一般管理費	19,400	20,190
営業利益	4,180	3,230

〈資料2〉販売費及び一般管理費の内訳　　　　　　　　　　　　　（単位：百万円）

	X1年度	X2年度
人件費	8,300	8,270
広告宣伝費	1,900	2,800
業務委託費	4,080	3,920
賃借料	1,580	1,580
減価償却費	2,540	2,520
その他	1,000	1,100

【問1】 X2年度における営業利益をベースとした損益分岐点に関する次の(ア)〜(エ)の指標を算定しなさい。なお、売上原価、広告宣伝費、業務委託費は変動費、人件費、賃借料、減価償却費は固定費、その他は変動費と固定費が半分ずつとする。

	X1年度	X2年度
(ア)変動費率	％	％
(イ)固定費	百万円	百万円
(ウ)損益分岐点売上高	百万円	百万円
(エ)安全余裕度	％	％

【問2】 A社の安全余裕度について【問1】の計算結果をふまえて比較分析しなさい。（4行）

【問3】 A社はX3年度の利益計画を策定しており、各利益計画数値の設定にあ

たり、安全余裕度をＸ２年度よりも高くしたいと考えている。〈資料１〉、〈資料２〉より具体例を１つ挙げたうえで、どのような改善策が考えられるか答えなさい。なお、Ｘ３年度の売上高はＸ２年度と同程度と予測している。（４行）

解答

【問1】

	Ｘ１年度	Ｘ２年度
(ア)変動費率	81.0%	83.0%
(イ)固定費	12,920百万円	12,920百万円
(ウ)損益分岐点売上高	68,000百万円	76,000百万円
(エ)安全余裕度	24.4%	20.0%

【問2】

　Ｘ２年度はＸ１年度と比較して安全余裕度が4.4ポイント低くなっている。これを要因別に分析すると、固定費について変動はないが、Ｘ２年度の変動費率はＸ１年度と比較して２ポイント高くなっていることがわかる。そのため、Ｘ２年度の安全余裕度の低下は、変動費率の上昇が主な要因である。

【問3】

　安全余裕度を高めるためには、売上高を所与とした場合、変動費率の引き下げ、または固定費の削減が必要となる。Ｘ２年度とＸ１年度を比較すると、変動費率が上昇しており、その中でも広告宣伝費が大幅に増加している。そのため、Ｘ３年度の利益計画において広告宣伝費を抑制し、変動費率を引き下げることが改善策として考えられる。

解説

【問1】

(ア)変動費率

　Ｘ１年度の変動費率＝｜売上原価66,420＋広告宣伝費1,900＋業務委託費4,080＋その他500（1,000÷2）｜÷売上高90,000＝81.0%

　Ｘ２年度の変動費率＝｜売上原価71,580＋広告宣伝費2,800＋業務委託費3,920＋その他550（1,100÷2）｜÷売上高95,000＝83.0%

(イ)固定費

　Ｘ１年度の固定費＝｜人件費8,300＋賃借料1,580＋減価償却費2,540＋その他500（1,000÷2）｜＝12,920

X2年度の固定費＝｜人件費8,270＋賃借料1,580＋減価償却費2,520＋その他550（1,100÷2）｝＝12,920

㈡損益分岐点売上高

　　X1年度の損益分岐点売上高＝ X1年度の固定費12,920÷（1－X1年度の変動費率0.81）＝68,000

　　X2 年度の損益分岐点売上高＝ X2年度の固定費12,920÷（1－X1年度の変動費率0.83）＝76,000

㈢安全余裕度

　　X1年度の安全余裕度＝（ X1年度の売上高90,000－X1年度の損益分岐点売上高68,000）÷X1年度の売上高90,000＝24.44％→24.4％

　　X2年度の安全余裕度＝（ X2年度の売上高95,000－X2年度の損益分岐点売上高76,000）÷X2年度の売上高95,000＝20.0％

【問2】

　　安全余裕度は、実際の売上が損益分岐点からどれくらい離れているか、つまり損失にならない余裕がどの程度あるかを示す指標である。

　　安全余裕度は、売上高、変動費率、固定費の増減によって変動するが、【問1】の計算結果から変動費率がX1年度と比較して2ポイント高くなっていることが主な要因として挙げられる。

【問3】

　　安全余裕度を高くするには、売上高の増加、変動費率の引き下げ、または固定費の削減が必要となる。【問3】の問題文よりX3年度の売上高はX2年度と同程度との記載があること、【問1】および【問2】より固定費については一定であるものの変動費率が上昇している現状をふまえ、変動費率の引き下げに焦点を当てた改善策を答える必要がある。

不確実性の分析（営業レバレッジ）

A社とB社のに関する〈資料〉により、次の【問1】から【問5】の設問に答えなさい。なお、計算にあたって端数が出る場合は、小数点以下第3位を四捨五入すること。（例）1.232%→1.23%

〈資料〉				（単位：千円）
	A社		B社	
	X1年度	X2年度	X1年度	X2年度
売上高	1,650,000	2,150,000	742,600	801,800
売上原価	1,250,000	1,525,000	475,083	518,583
販売費及び一般管理費	345,000	410,000	121,957	122,857
営業利益	55,000	215,000	145,560	160,360

【問1】総費用法により各社の変動費率と固定費額を計算しなさい。

【問2】各社の損益分岐点売上高を求めなさい。

【問3】X2年度の各社の安全余裕度、営業レバレッジを計算しなさい。

【問4】安全余裕度、営業レバレッジとは何か、それぞれ説明しなさい。（9行）

【問5】売上高が10%減少したときの営業利益への影響を示し、A社とB社の経営リスクを比較しなさい。（7行）

解答

【問1】
A社　変動費率68%　固定費額 473,000千円
B社　変動費率75%　固定費額 40,090千円

【問2】
A社　1,478,125千円
B社　160,360千円

【問3】
A社　安全余裕度 31.25%　営業レバレッジ3.2
B社　安全余裕度 80%　営業レバレッジ1.25

【問4】

　安全余裕度とは、売上高が損益分岐点の売上高からどのくらい離れているかを示す指標であり、次の計算式により算定する。

　安全余裕度＝（売上高－損益分岐点売上高）÷売上高＝1－損益分岐点比率の算式で示される。

　安全余裕度が高いほど、収益性は良好といえ、安全余裕度は売上高減少というリスクに対する安全度を表す。

　営業レバレッジは次の計算式により算定され、売上高が変化したときに営業利益がどれほど変化するかを示す指標である。

$$営業レバレッジ＝\frac{営業利益変化率}{売上高変化率}＝\frac{1}{1－損益分岐点比率}＝\frac{1}{安全余裕度}　で示される。$$

【問5】

　【問3】の結果より、売上高が10％減少したとき、B社の営業利益は12.5％（＝営業レバレッジ1.25×売上高変化率10％）減少するが、A社の営業利益は32％（＝営業レバレッジ3.2×売上高変化率10％）減少するといえる。営業レバレッジが高いA社の方が、売上高が変動したときの営業利益へ及ぼす影響は大きくなる。これは、B社に比べてA社は、費用に占める固定費の割合が高いためである。B社よりA社の方が、売上高の増減に対する営業利益の変動幅が大きく、経営リスクが高いといえる。

解説

【問1】

A社

　変動費率＝費用対前年変化額（1,525,000＋410,000－1,250,000－345,000）÷売上高対前年変化額（2,150,000－1,650,000）＝68％

　固定費額＝費用合計（1,525,000＋410,000）－売上高2,150,000×変動費率68％

　　＝473,000千円

B社

　変動費率＝費用対前年変化額（518,583＋122,857－475,083－121,957）÷売上高対前年変化額（801,800－742,600）＝75％

　固定費額＝費用合計（518,583＋122,857）－売上高801,800×変動費率75％

　　＝40,090千円

【問 2】
A社
　　損益分岐点売上高＝固定費額473,000÷（1－変動費率68%）＝1,478,125千円
B社
　　損益分岐点売上高＝固定費額40,090÷（1－変動費率75%）＝160,360千円

【問 3】
A社
　　安全余裕度＝1－（損益分岐点売上高÷実際の売上高）
　　＝1－（1,478,125÷2,150,000）＝31.25%
　　営業レバレッジ＝1÷安全余裕度＝1÷31.25%＝3.2
B社
　　安全余裕度＝1－（損益分岐点売上高÷実際の売上高）
　　＝1－（160,360÷801,800）＝80%
　　営業レバレッジ＝1÷安全余裕度＝1÷80%＝1.25

【問 4】
　　安全余裕度は1から損益分岐点比率を控除して算定し、営業レバレッジは1を安全
余裕度で除して算定することができる。

$$\text{安全余裕度} = \frac{(\text{売上高} - \text{損益分岐点売上高})}{\text{売上高}} = 1 - \text{損益分岐点比率}$$

$$\text{営業レバレッジ} = \frac{\text{営業利益変化率}}{\text{売上高変化率}} = \frac{1}{1 - \text{損益分岐点比率}} = \frac{1}{\text{安全余裕度}}$$

　　上記の算式から明らかであるが、損益分岐点比率、安全余裕度、営業レバレッジは
互いに関連性を持っていることがわかる。つまり、安全余裕度が低くなっている（損
益分岐点比率が高くなっている）ほど、営業レバレッジが高くなり、売上高の変化に
起因して利益がよりいっそう激しく変動する。このような影響を緩和するためには、
損益分岐点比率を下げることが必要となり、売上高の増加、変動費率の引き下げ、固
定費の削減といった対応が求められる。

【問5】

　経営リスクとは，企業の経営において発生し得る不確実性を表し、業績変動幅が大きい企業は経営リスクが高いといえる。

　本問において営業レバレッジの高いA社の方が売上高の変動に対する営業利益の変動幅が大きく、経営リスクが高くなる。

成長性の分析

次の〈資料〉により、【問1】から【問3】の設問に答えなさい。ただし、金額の単位は百万円とし、△はマイナスを意味する。なお、計算にあたって端数が生じる場合は、比率については小数点以下第2位を四捨五入し、金額については百万円未満を四捨五入すること。（例）1.23% → 1.2%、1,234.5百万円 → 1,235百万円

〈資料〉連結貸借対照表より抜粋　　　　　　　　　　　　　　（単位：百万円）

	X0年度	X1年度	X2年度	X3年度
現金及び預金	120,000	145,000	155,000	195,000
売掛金	150,000	160,000	140,000	165,000
棚卸資産	110,000	130,000	120,000	125,000
・・・				
貸倒引当金	△2,000	△3,000	△4,000	△3,000
流動資産合計	425,000	460,000	470,000	531,000
有形固定資産	50,000	62,000	65,000	68,000
・・・				
無形固定資産	15,000	14,000	22,000	24,000
投資その他の資産	30,000	28,000	32,000	35,000
固定資産合計	120,000	135,000	142,000	148,000
資産合計	545,000	595,000	612,000	679,000

	X0年度	X1年度	X2年度	X3年度
買掛金	83,000	85,000	90,000	88,000
短期借入金	110,000	110,000	110,000	110,000
未払法人税等	22,000	23,000	18,000	24,000
・・・				
流動負債合計	280,000	295,000	285,000	310,000
長期借入金	50,000	50,000	50,000	50,000
退職給付に係る負債	30,000	32,000	33,000	30,000
・・・				
固定負債合計	105,000	110,000	108,000	122,000
株主資本	140,000	166,600	194,400	224,100
その他の包括利益累計額	1,000	1,400	1,600	1,900
非支配株主持分	19,000	22,000	23,000	21,000
純資産合計	160,000	190,000	219,000	247,000
負債純資産合計	545,000	595,000	612,000	679,000

連結損益計算書より抜粋

	X0年度	X1年度	X2年度	X3年度
売上高	480,000	495,000	520,000	530,000
売上原価	310,000	325,000	340,000	345,000
販売費及び一般管理費	131,000	128,000	136,000	138,000
営業利益	39,000	42,000	44,000	47,000
営業外収益				
受取利息・配当金	2,500	2,000	1,800	2,000
営業外費用				
支払利息	1,500	1,500	1,500	1,500
経常利益	40,000	42,500	44,300	47,500
当期純利益	40,000	42,500	44,300	47,500
非支配株主に帰属する当期純利益	2,000	2,500	2,300	2,500
親会社株主に帰属する当期純利益	38,000	40,000	42,000	45,000

支払配当額（年度中に実際に支払われた額を用いる）

（単位：百万円）

	X0年度	X1年度	X2年度	X3年度
支払配当額	－	13,400	14,200	15,300

【問1】各年度における次の成長性の指標を計算しなさい。

	X1年度	X2年度	X3年度
売上高対前年度比率	％	％	％
親会社株主に帰属する当期純利益対前年度比率	％	％	％
総資産対前年度比率	％	％	％
純資産対前年度比率	％	％	％

【問2】当期における次の成長性の指標を計算しなさい。

	X1年度	X2年度	X3年度
ROE	％	％	％
配当性向	％	％	％
サステイナブル成長率	％	％	％

【問3】問1、2の結果をふまえて、成長性について分析しなさい。（9行）

解答

【問1】

	X1年度	X2年度	X3年度
売上高対前年度比率	103.1%	105.1%	101.9%
親会社株主に帰属する当期純利益対前年度比率	105.3%	105.0%	107.1%
総資産対前年度比率	109.2%	102.9%	110.9%
純資産対前年度比率	118.8%	115.3%	112.8%

【問2】

	X1年度	X2年度	X3年度
ROE	25.9%	23.1%	21.3%
配当性向	33.5%	33.8%	34.0%
サステイナブル成長率	17.2%	15.3%	14.1%

【問3】

　売上高対前年度比率および親会社株主に帰属する当期純利益対前年度比率がともに100％を超えており、売上および利益水準が増大している。また、総資産対前年度比率および総資産対前年度比率についても100％を超えていることから会社の規模も拡大している。一方で、サステイナブル成長率は低下しており、将来の1株当たり当期純利益も低下傾向にある。さらに、サステイナブル成長率をROEと利益留保率（1－配当性向）に分解すると、ROEと利益留保率（1－配当性向）がともに低下していることがわかる。

　サステイナブル成長率は財務構造を維持したまま、利益の内部留保によって長期持続的な成長率を示していることから、今後さらなる成長を図るためにはROEを向上させる、もしくは配当等の社外流出を抑制する必要がある。

解説

【問1】

売上高対前年度比率

　　X1年度：X1年度売上高÷X0年度売上高×100

　　　　　　＝495,000÷480,000×100＝103.12→103.1%

　　X2年度：520,000÷495,000×100＝105.05→105.1%

　　X3年度：530,000÷520,000×100＝101.92→101.9%

親会社株主に帰属する当期純利益対前年度比率

X１年度：X１年度当期純利益÷X０年度当期純利益×100
　　　　　＝40,000÷38,000×100＝105.26→105.3%

X２年度：42,000÷40,000×100＝105.0→105.0%

X３年度：45,000÷42,000×100＝107.14→107.1%

総資産対前年度比率

　X１年度：X１年度総資産÷X０年度総資産×100
　　　　　＝595,000÷545,000×100＝109.17→109.2%

　X２年度：612,000÷595,000×100＝102.85→102.9%

　X３年度：679,000÷612,000×100＝110.94→110.9%

純資産対前年度比率

　X１年度：X１年度純資産÷X０年度純資産×100
　　　　　＝190,000÷160,000×100＝118.75→118.8%

　X２年度：219,000÷190,000×100＝115.26→115.3%

　X３年度：247,000÷219,000×100＝112.78→112.8%

【問２】

ROE＝親会社株主に帰属する当期純利益÷自己資本の期首・期末平均額
　　＝親会社株主に帰属する当期純利益÷〔｛(前年度純資産合計－前年度非支配株
　　　主持分) ＋ (当年度純資産合計－当年度非支配株主持分)｝ ÷２〕×100

　X１年度：40,000÷〔｛(160,000－19,000) ＋ (190,000－22,000)｝ ÷２〕×100
　　　　　＝25.88→25.9%

　X２年度：42,000÷ ｛((190,000－22,000) ＋ (219,000－23,000)) ÷２｝ ×100
　　　　　＝23.07→23.1%

　X３年度：45,000÷ ｛((219,000－23,000) ＋ (247,000－21,000)) ÷２｝ ×100
　　　　　＝21.32→21.3%

配当性向

　X１年度：X１年度支払配当額÷X１年度親会社株主に帰属する当期純利益×100
　　　　　＝13,400÷40,000×100＝33.5%

　X２年度：14,200÷42,000×100＝33.80→33.8%

　X３年度：15,300÷45,000×100＝34.0%

サステイナブル成長率

　X１年度：X１年度ROE÷X (1－X1年度配当性向) ×100
　　　　　＝0.259× (1－0.335) ×100＝17.22→17.2%

　X２年度：0.231× (1－0.338) ×100＝15.29→15.3%

　X３年度：0.213× (1－0.34) ×100＝14.05→14.1%

資本コスト

資本コストについて、次の問に答えなさい。

【問1】 株主と債権者の資本コストについて、それぞれのリスクとリターンの特性から生じる違いを説明しなさい。（10行）

【問2】 一般の財務諸表利用者として負債コストを推定する方法を3つ述べなさい。（10行）

解答

【問1】

　債権者は債務不履行（デフォルト）のリスクを負っているものの、債券や貸付金には一般に満期があり、期日に定められた利払いが行われる。債権者は安定したリターンを受け取ることができるため、リスクは総じて低いといえる。一方、株主へのリターンは配当金と株式の値上がり益（キャピタルゲイン）であり、決まったリターンを得られるわけではない。また、デフォルトによる倒産のリスクに加え、利益や残余財産の分配は最後に行われる。したがって、株主のリスクは総じて高いといえる。ゆえに企業に対して求める最低限の期待収益率は、リスクの高い株主の方が高く、債権者の方が低くなる。

【問2】

① 有価証券報告書に記載されている連結附属明細表の社債明細表および借入金等明細表に記載されている有利子負債の利率から推定する。有価証券報告書が、米国会計基準（SEC基準）で作成されている場合は短期借入金債務および長期借入金債務に関する注記により推定する。

② 日本証券業協会が公表している格付け機関ごとのデータから発行会社の格付水準を確認し、債券利回りを推定する。

③ 貸借対照表と損益計算書のデータを用いて、支払利息の実績値を有利子負債の期中平均残高で割ることにより負債コストを推定する。

割引キャッシュ・フロー法（DCF法）

割引キャッシュ・フロー法について、次の問に答えなさい。

【問1】 企業価値評価を実施する際に利用されている割引キャッシュ・フロー法（DCF法）の計算方法の基本的な考え方を説明しなさい。（2行）
【問2】 DCF法は、企業買収を実施する際ののれんの評価方法として合理的であるといわれているが、DCF法の計算方法を説明したうえで、その理由を説明しなさい。（7行）

解答

【問1】
　DCF法とは、事業が生み出すと予測される将来キャッシュ・フローを計算し、割引率で割引いて現在価値を算出する方法である。

【問2】
　DCF法は、評価対象が生み出すと予想されるキャッシュ・フローの現在価値を算出し、それをもとに株主価値を評価する方法である。企業買収を実施する際には、のれんの取得原価は、受け入れた資産および引き受けた負債に配分された純額を上回る場合の超過額であり、企業の超過収益力を示している。超過収益力は、財務数値には直接表示されていないものの、将来の収益を生み出す源泉となることから、将来の収益性を加味して算定しているDCF法は、のれんの評価方法として合理的な方法である。

解説

　企業価値の測定の方法には、マーケットアプローチ、インカムアプローチ、コストアプローチの3つに大別される。

	メリット	デメリット
マーケットアプローチ	・計算が容易 ・評価額に市場の株価を盛り込める ・客観性を確保できる	・株式市場が必ずしも正しい評価をしていない
インカムアプローチ	・企業価値算定に将来の見通しを盛り込める	・客観性に欠ける
コストアプローチ	・客観性に優れている ・解散する場合には有効	・将来の収益獲得を価値算定に含めることができない

EVA・乗数アプローチ

EVAと乗数アプローチについて、次の問に答えなさい。

EVAと比較した場合の乗数アプローチの特徴を答えなさい。（7行）

解答

　EVAとは、毎年の営業活動から得るリターンから投下資本に対して発生している資本コストを差し引いた経済的価値を示す。一方で、乗数アプローチとは、市場価格に基づき、相対的に企業価値を算定する方法をいう。EVAの場合には、資本コスト等の算定に一定の見積りが含まれており、客観性が必ずしも保証されないのに対して、乗数アプローチは、評価額に市場の動向を盛り込めるだけでなく、客観性を確保することが可能となる。

解説

株式価値評価に利用する指標によって、以下の特性がある。

指標	メリット	デメリット
PER	投資家は利益の拡大を望んでいる点は企業価値評価に整合する。	赤字企業の評価ができない。
PBR	株価と純資産を比較することで簿価には表われない無形価値を評価することができる。	含み益等は評価に含まれていない。
PSR	赤字企業の評価ができ特にベンチャー企業等の評価に利用できる。	売上高が増加しても利益が伸びない場合には過大評価される。
PCFR	会計基準によらず企業価値を評価することが可能である。	営業キャッシュ・フローが赤字の場合には、評価できない。

乗数アプローチに基づく株主価値評価の主な評価指標

・PER（株価収益率）$= \dfrac{株価}{1株当たり当期純利益}$

・PBR（株価純資産倍率）$= \dfrac{株価}{1株当たり純資産}$

・PSR（株価売上高倍率）$= \dfrac{株価}{1株当たり売上高}$

・PCFR（株価キャッシュ・フロー倍率）$= \dfrac{株価}{1株当たりキャッシュ・フロー}$

問題 96　最適資本構成

最適資本構成について、次の問に答えなさい。

> 次の損益計算書および貸借対照表から、Ｘ１年度およびＸ２年度の資本コスト
> の増減理由を株主と債権者が負担するリスクと要求するリターンの違いにふれて、
> 説明しなさい。（７行）
>
> なお、負債コスト（節税効果考慮前）は支払利息÷負債合計で計算し、株主資
> 本コストはＸ１年度は８％、Ｘ２年度は９％とし、法人税実効税率はともに30％
> とする。また、時価総額は純資産簿価と一致するものとする。資本コストは加重
> 平均資本コストを用いるものとする。

Ｘ１年度　損益計算書（一部抜粋）		Ｘ２年度　損益計算書（一部抜粋）	
⋮		⋮	
支払利息	20	支払利息	35
経常利益	400	経常利益	350
⋮		⋮	
当期純利益	350	当期純利益	100

Ｘ１年度　貸借対照表（一部抜粋）			Ｘ２年度　貸借対照表（一部抜粋）		
	⋮			⋮	
	負債合計	400		負債合計	550
⋮			⋮		
総資産	1,500	負債・純資産　1,500	総資産	1,000	負債・純資産　1,000

解答

　株主は、会社が倒産した場合には債権者に比べると元本の返済順位が低く、債権者
に比べて高いリスクを有しており、債権者よりも株主のほうが高いリターンを必要と
することおよび負債コストは節税効果を望めることから、負債コストと比べて、株主
資本コストは高くなっている。Ｘ１年度とＸ２年度では、自己資本比率が減少してい
るため、負債コストおよび株主資本コストともに増加しているものの、資本コストは
Ｘ２年はＸ１年と比較して減少している。

解説

Ｘ１年度　資本コスト：　　20/400×（1−30％）×400/1,500＋８％×1,100/1,500＝6.80％

Ｘ２年度　資本コスト：　　35/550×（1−30％）×550/1,000＋９％×450/1,000＝6.50％

エコノミック・プロフィット法

次の〈資料〉により、各問に答えなさい。ただし、負債コスト（節税考慮前）は支払利息÷負債合計で計算し、株主資本コストは8％とし、法人税実効税率はともに30％とする。なお、計算にあたって端数が生じる場合は、小数点以下第2位を四捨五入すること。（例）1.26％→1.3％

〈資料〉

X1期　損益計算書（一部抜粋）		X1期　貸借対照表（一部抜粋）			
⋮			⋮		
営業利益	300				
支払利息	50		負債合計		500
経常利益	250		⋮		
⋮		総資産	2,000	負債・純資産	2,000
当期純利益	100				

【問1】 上の文章および財務諸表からEVAおよびROEを計算しなさい。なお、期首投下資本と期末投下資本は同額とし、投下資本、株主資本は純資産として算定するものとする。また、時価総額は純資産簿価と一致するものとする。

【問2】 EVAとROEの意味を記載し、ROEと比較した場合のEVAの特徴を答えなさい。

解答

【問1】

EVA：93.8

ROE：6.7％

$$資本コスト＝負債コスト×（1－法人税実効税率）×\frac{負債合計}{（負債合計＋時価総額）}$$

$$＋株主資本コスト×\frac{時価総額}{（負債合計＋時価総額）}$$

$$＝\frac{50}{500}×（1-30\%）×\frac{500}{2,000}＋8\%×\frac{1,500}{2,000}$$

$$＝7.75\%→7.8\%$$

EVA = NOPAT − 期首投下資本 × 資本コスト

$\quad$ = 営業利益(300) × (1 − 法人税実効税率(30%)) − 純資産(1,500) × 資本コスト
$\quad$ (7.75%)

$\quad$ = 93.75 → 93.8

$$\text{ROE} = \frac{\text{当期純利益}(100)}{\text{株主資本}(1,500)}$$

$\quad$ = 6.66 → 6.7%

【問2】

$\quad$ EVAとは、毎年の営業活動から得るリターンから投下資本に対して発生している資本コストを差し引いた経済的価値である。一方で、ROEは、株主資本利益率であり、当期純利益を株主資本で除して算定する。

$\quad$ EVAは、株主資本コストを考慮後の金額であるのに対して、ROEは株主資本コストが考慮されていないこと、EVAは金額表示であるのに対して、ROEは、比率分析である点が特徴である。

解説

$\quad$ エコノミック・プロフィット法とは、キャッシュ・フローではなく、会計利益をベースに企業価値を算定する方法であり、経営指標としてEVAがある。

EVAの計算方法

EVA = NOPAT − 期首投下資本 × 資本コスト

NOPAT = EBIT × (1 − 実効税率)

$\quad$ また、本問に関連して、

$$\text{MVA}_0 = \frac{\text{EVA}_1}{(1 + 資本コスト)} + \frac{\text{EVA}_2}{(1 + 資本コスト)^2} + \cdots + \frac{\text{EVA}_n}{(1 + 資本コスト)^n}$$

マルチプル

マルチプルについて、次の問に答えなさい。

次の損益計算書から、X1年度およびX2年度の企業価値を算定する場合に、企業価値の算定にPERを利用する際に留意すべき点をそれぞれ答えなさい。（6行）

X1年度　損益計算書（一部抜粋）	
売上高	4,000
：	
営業利益	300
：	
経常利益	400
：	
減損損失	350
税引前当期純利益	50
：	
当期純利益	50

X2年度　損益計算書（一部抜粋）	
売上高	3,500
：	
営業利益	200
：	
経常利益	200
：	
減損損失	－
税引前当期純利益	△50
：	
当期純利益	△50

解答

多額の特別損失が発生している場合には当該影響を除外する必要がある。

X1年度においては、減損損失が多額に計上されており、PERの算定の際に除外するかを検討する必要がある。

X2年度においては、当期純損失が発生している。PERを利用した企業価値算定を行う場合、当期純損失が発生しているときには利用することができない。

解説

マルチプルとは、類似する上場企業の財務数値や株価比率等の指標をいい、これらを用いて企業価値を算出する方法をマルチプル法という。マルチプル法では、企業価値評価に見積が介在せず、容易に算定できる点はメリットになるが、類似企業の選定が難しく、選定結果によって計算結果が異なってしまうことがデメリットである。

マルチプル法で利用される代表的な指標は、PER、PBR、PSR、PCFRなどであり、それぞれの指標により特徴が異なる点は留意が必要である。

時系列分析

A社に関する次の〈資料1〉と〈資料2〉により、【問1】から【問7】の設問に答えなさい。ただし、金額の単位は百万円とし、△はマイナスを意味する。なお、比率の算定において連結貸借対照表数値は期中平均値を用いること。また、計算にあたって端数が出る場合は、指標や百分比については小数点以下第2位を四捨五入し、金額については小数点以下第1位を四捨五入すること。（例）12.34→12.3%、1,234.5百万円→1,235百万円

〈資料1〉

（要約）連結貸借対照表

	X1年度	X2年度
資産の部		
流動資産		
現金及び預金	37,480	43,286
受取手形及び売掛金	1,576	2,953
たな卸資産	7,082	6,508
その他	4,860	3,300
貸倒引当金	△15	△13
流動資産合計	50,985	56,035
固定資産		
有形固定資産	40,180	37,770
無形固定資産	750	685
投資その他の資産	13,039	14,440
固定資産合計	53,970	52,895
資産合計	104,954	108,930
	X1年度	X2年度
負債の部		
流動負債		
支払手形及び買掛金	5,825	5,792
リース債務	10	10
未払法人税等	1,225	1,873
その他	10,687	9,285
流動負債合計	17,749	16,962

	X 1 年度	X 2 年度
固定負債		
リース債務	98	85
資産除去債務	6,390	6,535
その他	1,023	948
固定負債合計	7,511	7,569
負債合計	25,260	24,531
純資産の部		
株主資本	78,287	83.418
その他の包括利益累計額	978	355
非支配株主持分	429	626
純資産合計	79,694	84,399
負債・純資産合計	104,954	108,930

＊流動資産の「その他」に売買目的有価証券は含まれていない。

（要約）連結損益計算書

	X 1 年度	X 2 年度
売上高	154,095	156,564
売上原価	56,297	56,227
売上総利益	97,798	100,337
販売費及び一般管理費	89,541	90,668
営業利益	8,257	9,669
営業外収益		
受取利息及び配当金	229	250
その他	100	23
営業収益合計	329	274
営業外費用		
支払利息	2	4
その他	74	38
営業外費用合計	76	42
経常利益	8,510	9,901
特別利益	66	15
特別損失	1,947	671
税金等調整前当期純利益	6,629	9,245
法人税、住民税及び事業税	2,333	3,905

	△127	△846
法人税等調整額		
法人税等合計	2,206	3,059
当期純利益	4,423	6,186
非支配株主に帰属する当期純利益	29	30
親会社株主に帰属する当期純利益	4,394	6,156

〈資料2〉 その他の資料

販売費及び一般管理費のうち主要な費目及び金額（X2年度）

従業員給与・賞与	37,525
賞与引当金繰入額	1,298
退職給付費用	633
貸倒引当金繰入額	8
減価償却費	5,360
賃借料	20,675
水道光熱費	5,301

従業員数

X1年度	X2年度
17,148人	17,594人

【問1】解答欄の各指標を計算し、X1年度とX2年度を比較分析しなさい。（12行）なお、棚卸資産回転率の計算には売上原価を用いること。

指標	X1年度	X2年度
ROE	5.6%	%
売上高営業利益率	%	%
棚卸資産回転率	7.4回	回
固定比率	%	%
手元流動性比率	2.5カ月	カ月

【問2】【問1】で計算したROEを、デュポン・システムに従って3つの指標に分解し、X2年度のROEがX1年度よりも上昇した原因を分析しなさい。（7行）

指標	X1年度	X2年度
	%	%
	1.3回	回
	1.6倍	倍

【問3】サステイナブル成長率の数値が示す意味を答え（3行）、X2年度のサステイナブル成長率を計算しなさい。なお、X2年度の支払配当額は1,025百万円である。

【問4】X2年度の付加価値額を加算法により計算しなさい。なお、X2年度の売上原価に含まれる労務費は11,145百万円、賃借料は1,440百万円である。

【問5】【問4】で求めた付加価値額にもとづき、労働生産性を計算しなさい。

【問6】労働生産性を、売上高を用いて分解し解答欄に記入しなさい。

指標	X2年度の数値
	百万円

【問7】労働生産性を、有形固定資産を用いて分解し解答欄に記入しなさい。

指標	X2年度の数値
	百万円

解答

【問1】

指標	X1年度	X2年度
ROE	5.6%	7.6%
売上高営業利益率	5.4%	6.2%
棚卸資産回転率	7.4回	8.3回
固定比率	68.1%	63.1%
手元流動性比率	2.5カ月	3.1カ月

　A社のROEは、X1年度5.6%からX2年度7.6%へ2.0ポイント上昇しており、出資者である株主の立場からみた収益性は高まったと判断できる。

　次に、売上高営業利益率は、X1年度5.4%からX2年6.2%へ上昇しており、本業の収益性も改善していると判断できる。

　さらに、棚卸資産回転率は、X1年度7.4回からX2年度8.3回へ上昇しており、在庫管理の効率性も改善している。

　固定比率は、X1年度とX2年度いずれも100%を大幅に下回っており、固定資産

への投資資金は自己資本でまかなわれている。さらに、固定比率はＸ１年度68.1％からＸ２年度63.1％へ5.0ポイント低下しており、固定的な資産と長期資金のバランスはより良好な状態となった。

　手元流動性比率は、Ｘ１年度2.5カ月からＸ２年度3.1カ月へと高くなっており、支払能力からみた安全性も高まったと判断できる。

【問2】

指標	Ｘ１年度	Ｘ２年度
売上高当期純利益率	2.9％	3.9％
総資本回転率	1.3回	1.5回
財務レバレッジ	1.6倍	1.3倍

　A社のROEは、Ｘ１年度5.6％からＸ２年度7.6％へ2.0ポイント上昇している。その原因は、売上高当期純利益率がＸ１年度2.9％からＸ２年度3.9％へ１ポイント上昇したことと、総資本回転率がＸ１年度1.3回からＸ２年度1.5回へ上昇したことにある。一方、財務レバレッジは、Ｘ１年度1.6倍からＸ２年度1.3倍へと低下し、ROEを低下させる方向に影響している。

　以上より、X1年度とX2年度を比べると、負債の活用度が下がったことによる影響以上に、収益性が改善し資本の活用度も高まった結果、ROEが上昇したと判断できる。

【問3】
　サステイナブル成長率は、企業が現状の財務構造を維持したまま、もっぱら利益の内部留保によって長期持続的に達成することが可能な成長率を意味している。

　Ｘ２年度のサステイナブル成長率は6.3％である。

【問4】
81,965百万円

【問5】
5百万円

【問6】

指標	Ｘ２年度の数値
１人当たり売上高	9百万円
付加価値率	0.5

【問7】

指標	X2年度の数値
労働装備率	2百万円
設備生産性	2.1

解説

【問1】

・ROE：親会社に帰属する当期純利益6,156÷平均自己資本81,519＝7.55…→7.6％
　平均自己資本は、期首と期末の株主資本及びその他の包括利益累計額の平均額
　（78,287＋978＋83,418＋355）÷2＝81,519

・売上高営業利益率：営業利益÷売上高
　X1年度：営業利益8,257÷売上高154,095＝5.35…→5.4％
　X2年度：営業利益9,669÷売上高156,564＝6.17…→6.2％

・棚卸資産回転率：売上原価56,227÷棚卸資産の期首・期末平均額6,795＝8.27
　…→8.3回
　棚卸資産の期首・期末平均額：（7,082＋6,508）÷2＝6,795

・固定比率：（固定資産＋繰延資産）÷自己資本（株主資本＋その他の包括利益累計額）
　X1年度：（53,970＋0）÷（78,287＋978）＝68.08…→68.1％
　X2年度：（52,895＋0）÷（83,418＋355）＝63.14…→63.1％

・手元流動性比率：現金及び預金と有価証券の期首・期末平均額40,383÷（売上高
　156,564÷12）＝3.09…→3.1カ月
　（現金及び預金＋有価証券）の期首・期末平均額：（37,480＋0＋43,286＋0）÷2
　　＝40,383

【問2】

・売上高当期純利益率＝親会社株主に帰属する当期純利益÷売上高
　X1年度：4,394÷154,095＝2.85…→2.9％
　X2年度：6,156÷156,564＝3.93…→3.9％

・総資本回転率＝売上高÷平均総資本
　X2年度：156,564÷106,942＝1.46…→1.5回
　平均総資本：（期首総資本104,954＋期末総資本108,930）÷2＝106,942

・財務レバレッジ＝平均総資本÷平均自己資本
　X2年度：106,942÷81,519＝1.31…→1.3倍

【問3】

サステイナブル成長率を求める算式は、「ROE×（1－配当性向）」である。

X2年度のサステイナブル成長率：7.6％×（1－1,025÷6,156）＝6.33…→6.3％

【問4】

加算法による付加価値額＝人件費＋賃借料＋税金＋他人資本利子＋当期純利益

人件費	（売上原価）労務費	11,145
	（販管費）従業員給与・賞与	37,525
	（販管費）賞与引当金繰入額	1,298
	（販管費）退職給付費用	633
賃借料	（売上原価）賃借料	1,440
	（販管費）賃借料	20,675
税金	法人税、住民税及び事業税	3,905
	法人税等調整額	△846
他人資本利子	支払利息	4
	非支配株主に帰属する当期純利益	30
当期純利益		6,156
付加価値額		81,965

【問5】

労働生産性＝付加価値額81,965百万円÷平均従業員数17,371人＝4.7…→5百万円

平均従業員数：（17,148人＋17,594人）÷2＝17,371人

【問6】

労働生産性＝1人当たり売上高×付加価値率

1人当たり売上高：売上高156,564百万円÷平均従業員数17,371人＝9.0

…→9百万円

付加価値率：付加価値額81,965百万円÷売上高156,564百万円＝0.52…→0.5

【問7】

労働生産性＝労働装備率×設備生産性

労働装備率：平均有形固定資産38,975百万円÷平均従業員数17,371人＝2.2

…→2百万円

平均有形固定資産：（40,180百万円＋37,770百万円）÷2＝38,975百万円

設備生産性：付加価値額81,965百万円÷平均有形固定資産38,975百万円＝2.10

…→2.1

クロス・セクション分析

　A社とB社に関する〈資料1〉から〈資料3〉により、【問1】から【問4】の設問に答えなさい。ただし、比率の算定において総資本および自己資本については期中平均値を使用すること。なお、金額の単位は百万円であり、△はマイナスを意味する。また、計算にあたって端数が出る場合は、小数点以下第2位を四捨五入すること。
（例）1.23%→1.2%

〈資料1〉連結損益計算書

	A社	B社
売上高	100,000	110,000
売上原価	56,000	65,300
売上総利益	44,000	44,700
販売費及び一般管理費	37,800	41,000
営業利益	6,200	3,700
営業外収益		
受取利息	10	10
受取配当金	40	180
持分法による投資利益	200	10
その他	250	320
営業外収益合計	500	520
営業外費用		
支払利息	150	500
その他	50	10
営業外費用合計	200	510
経常利益	6,500	3,710
特別利益	470	1,600
特別損失	600	870
税金等調整前当期純利益	6,370	4,440
法人税等合計	1,950	1,330
当期純利益	4,420	3,110
非支配株主に帰属する当期純利益	20	10
親会社株主に帰属する当期純利益	4,400	3,100

〈資料2〉連結キャッシュ・フロー計算書

	A社	B社
営業活動によるキャッシュ・フロー		
税金等調整前当期純利益	6,370	4,440
減価償却費	4,000	4,200
減損損失	200	690
受取利息及び受取配当金	△50	△190
支払利息	150	500
持分法による投資損益（△は益）	△200	△10
投資有価証券売却損益（△は益）	△220	△1,200
固定資産売却損益（△は益）	150	△140
売上債権の増減額（△は増加）	△1,800	△500
棚卸資産の増減額（△は増加）	400	△900
仕入債務の増減額（△は減少）	△900	300
その他	200	330
小計	8,300	7,520
利息及び配当金の受取額	70	180
利息の支払額	△140	△500
法人税等の支払額	△1,700	△2,000
その他	670	△200
営業活動によるキャッシュ・フロー	7,200	5,000
投資活動によるキャッシュ・フロー		
有形及び無形固定資産の取得による支出	△7,200	△6,600
有形固定資産の売却による収入	50	210
投資有価証券の取得による支出	△400	△30
投資有価証券の売却による収入	320	2,500
（省略）	（省略）	（省略）
投資活動によるキャッシュ・フロー	△7,300	△4,300
財務活動によるキャッシュ・フロー		
短期借入金の純増減額（△は減少）	3,700	3,600
（省略）	（省略）	（省略）
財務活動によるキャッシュ・フロー	750	1,500
現金及び現金同等物に係る換算差額	△50	30
現金及び現金同等物の増減額	600	2,230
現金及び現金同等物の期首残高	3,600	15,000
現金及び現金同等物の期末残高	4,200	17,230

〈資料3〉その他の資料

	A社	B社
期首総資産	77,000	86,000
期末総資産	83,000	90,000
期首自己資本	48,000	( )
期末自己資本	52,000	( )

【問1】 A社とB社の次の経営指標を計算し、これらの指標をふまえて、収益性の違いをもたらしている主な要因を指摘しなさい。（9行）

	A社	B社
総資本事業利益率（ROA）（%）		
売上高事業利益率（%）		
総資本回転率（回）		

【問2】
(1) A社とB社のROEを比較するとB社の方が高いという結果を得た。B社の資本構成についてどのようなことがいえるか、財務レバレッジ、自己資本比率という言葉を使い、説明しなさい。（8行）
(2) 業績が悪化し、損失が生じた場合にはA社とB社の資本構成の違いが収益性にどのような影響を及ぼすか説明しなさい。（5行）

【問3】 A社とB社の次の経営指標を計算し、キャッシュ・フローによる収益性および設備投資の状況について比較分析しなさい。（7行）

	A社	B社
営業キャッシュ・フロー・マージン(%)		
設備投資額対キャッシュ・フロー比率(%)		

【問4】 A社とB社の次の経営指標を計算し、フローの数値からみた安全性について比較分析しなさい。（5行）

	A社	B社
インタレスト・カバレッジ・レシオ（倍）		
経常収支比率（%）		

解答

【問1】

	A社	B社
総資本事業利益率（ROA）（％）	8.1	4.4
売上高事業利益率（％）	6.5	3.5
総資本回転率（回）	1.3	1.3

　ROAをみるとA社の方が高く、A社の方が収益性が高いと判断できる。ROAを売上高事業利益率と総資本回転率に分解すると、総資本回転率については両社に差はないが、A社の売上高事業利益率がB社より上回っているため、A社のROAが高くなっている。そこで、各社の売上高売上原価率、売上高販売費及び一般管理費率を比較すると、A社はそれぞれ56.0％、37.8％であり、B社は59.4％、37.3％である。売上高販売費及び一般管理費率は両社ほぼ同じ程度の割合であるが、売上高売上原価率はA社の方が低い。したがって、A社の売上高事業利益率がB社より高い主な要因は売上高売上原価率がB社より低く抑えられていることであり、それがROAでみる収益性に違いをもたらしたと判断できる。

【問2】

⑴　ROEは売上高当期純利益率、総資本回転率、財務レバレッジの3つの値の積であり、3つに分解して考えることができる。A社とB社の総資本回転率は同じ値であり、売上高当期純利益率はA社4.4％、B社2.8％とA社の方が高くなっている。それにもかかわらず、B社のROEの値がA社より高いということは財務レバレッジにおいてB社がA社を大幅に上回っていることを意味している。条件を満たすB社の財務レバレッジは2.5倍より高い値となる。財務レバレッジは自己資本比率の逆数であることから、B社は総資本に占める他人資本の割合がA社より高く、自己資本比率は40％より低いと考えられる。

⑵　財務レバレッジが高い、つまり総資本に占める他人資本の割合が高い場合、好況時にはROEをレバレッジ効果により増幅させる作用があるが、業績が悪化し、損失が生じる局面においてはマイナスの方向に増幅させる。したがって、業績悪化の局面では、他人資本の利用度の高いB社の方がA社より収益性を大きく悪化させることになる。

【問3】

	A社	B社
営業キャッシュ・フロー・マージン（％）	7.2	4.5
設備投資額対キャッシュ・フロー比率（％）	99.3	127.8

　　両社の営業キャッシュ・フロー・マージンをみると、B社よりA社の方が高く、キャッシュ・フローによる収益性に関してはA社の方が優れている。設備投資額対キャッシュ・フロー比率は両社ともに高い比率であり、積極的に設備投資を行っていると考えられる。A社が営業活動によるキャッシュ・フローの範囲内で設備投資を行っている一方で、B社の設備投資対キャッシュ・フロー比率は100％を超えておりB社は営業活動によるキャッシュ・フローを超える額の設備投資を行っている。長期間この状況が続くようであれば、過剰投資の可能性が懸念される。

【問4】

	A社	B社
インタレスト・カバレッジ・レシオ（倍）	43.0	7.8
経常収支比率（％）	107.9	104.8

　　両社のインタレスト・カバレッジ・レシオは高い値であり、金利支払能力からみて安全性に問題はないといえる。また、経常収支比率においても両社とも100％を超えており、資金繰りからみた安全性についても問題がないといえる。両社を比較すると、B社よりA社の数値の方がどちらも高くなっており、A社の方が優れていると判断できる。

解説

【問1】

①A社

期首・期末総資本平均＝（期首総資本77,000＋期末総資本83,000）÷2＝80,000

事業利益＝営業利益6,200＋受取利息10＋受取配当金40＋持分法による投資利益200
　　　　　＝6,450

$$ROA（総資本事業利益率）＝\frac{事業利益6,450}{期首・期末総資本平均80,000}＝8.06\cdots\%→8.1\%$$

$$売上高事業利益率＝\frac{事業利益6,450}{売上高100,000}＝6.45\%→6.5\%$$

$$総資本回転率 = \frac{売上高100,000}{期首・期末総資本平均80,000} = 1.25 \rightarrow 1.3回$$

$$売上高売上原価率 = \frac{売上原価56,000}{売上高100,000} = 56.0\%$$

$$売上高販売費及び一般管理費率 = \frac{販売費及び一般管理費37,800}{売上高100,000} = 37.8\%$$

②B社

期首・期末総資本平均 = (期首総資本86,000 + 期末総資本90,000) ÷ 2 = 88,000

事業利益 = 営業利益3,700 + 受取利息10 + 受取配当金180 + 持分法による投資利益10
= 3,900

$$ROA（総資本事業利益率） = \frac{事業利益3,900}{期首・期末総資本平均88,000} = 4.43\cdots\% \rightarrow 4.4\%$$

$$売上高事業利益率 = \frac{事業利益3,900}{売上高110,000} = 3.54\cdots\% \rightarrow 3.5\%$$

$$総資本回転率 = \frac{売上高110,000}{期首・期末総資本平均88,000} = 1.25 \rightarrow 1.3回$$

$$売上高売上原価率 = \frac{売上原価65,300}{売上高110,000} = 59.36\cdots\% \rightarrow 59.4\%$$

$$売上高販売費及び一般管理費率 = \frac{販売費及び一般管理費41,000}{売上高110,000} = 37.27\cdots\% \rightarrow 37.3\%$$

【問2】

	A社	B社
ROE（%）	8.8	（?）
売上高当期純利益率（%）	4.4	2.8
総資本回転率（回）	1.3	1.3
財務レバレッジ（倍）	1.6	（?）

①A社

期首・期末自己資本平均 = (期首自己資本48,000 + 期末自己資本52,000) ÷ 2 = 50,000

$$ROE（自己資本当期純利益率） = \frac{親会社株主に帰属する当期純利益4,400}{期首・期末自己資本平均50,000} = 8.8\%$$

$$売上高当期純利益率 = \frac{親会社株主に帰属する当期純利益4,400}{売上高100,000} = 4.4\%$$

$$総資本回転率 = \frac{売上高100,000}{期首・期末総資本平均80,000} = 1.25 \rightarrow 1.3回$$

$$財務レバレッジ = \frac{期首・期末総資本平均80,000}{期首・期末自己資本平均50,000} = 1.6倍$$

自己資本比率 $= 1 \div 1.6 = 62.5\%$

②B社

ROE $=$ 売上高当期純利益率 $\times$ 総資本回転率 $\times$ 財務レバレッジ

$$= \frac{親会社株主に帰属する当期純利益3,100}{売上高110,000} \times \frac{売上高110,000}{期首・期末総資本平均88,000} \times 財務レバレッジ$$

$$= \frac{3,100}{110,000} \times 1.25 \times 財務レバレッジ$$

B社のROEがA社のROEより大きいという条件を満たすB社の財務レバレッジ（Yとする）は次の式を満たす範囲となる。

$$A社のROE < \frac{3,100}{110,000} \times 1.25 \times Y$$

A社のROE は8.8%なので、　$8.8\% < \dfrac{3,100}{110,000} \times 1.25 \times Y$

よって　$Y > 8.8\% \times 110,000 \div 3,100 \div 1.25 = 2.49\cdots倍 \rightarrow 2.5倍$

B社の財務レバレッジ（Y）が2.5倍より高いとき、B社のROEはA社のROEより高くなる。財務レバレッジは自己資本比率の逆数であるから、B社の自己資本比率は40%より低いことになる。

$1 \div 2.5 = 40\%$

【問3】

①A社

$$営業キャッシュ・フロー・マージン = \frac{営業活動によるキャッシュ・フロー7,200}{売上高100,000} = 7.2\%$$

設備投資額 $=$ 有形及び無形固定資産の取得による支出7,200 $-$ 有形固定資産の売却による収入50 $= 7,150$

$$設備投資額対キャッシュ・フロー比率 = \frac{設備投資額7,150}{営業活動によるキャッシュ・フロー7,200} = 99.30\cdots\% \rightarrow 99.3\%$$

②B社

$$営業キャッシュ・フロー・マージン = \frac{営業活動によるキャッシュ・フロー5,000}{売上高110,000} = 4.54\cdots\% \rightarrow 4.5\%$$

設備投資額 $=$ 有形及び無形固定資産の取得による支出6,600 $-$ 有形固定資産の売却に

よる収入210＝6,390

$$設備投資額対キャッシュ・フロー比率 = \frac{設備投資額6,390}{営業活動によるキャッシュ・フロー5,000} = 127.8\%$$

【問4】

①A社

$$インタレスト・カバレッジ・レシオ = \frac{事業利益6,450}{支払利息150} = 43.0倍$$

経常的収入＝（売上高100,000－売上債権の増加1,800）＋利息及び配当金の受取額70
　　　　＝98,270

経常的支出＝経常的収入98,270－営業活動によるキャッシュ・フロー7,200＝91,070

$$経常収支比率 = \frac{経常的収入98,270}{経常的支出91,070} = 107.90\cdots\% \rightarrow 107.9\%$$

②B社

$$インタレスト・カバレッジ・レシオ = \frac{事業利益3,900}{支払利息500} = 7.8倍$$

経常的収入＝（売上高110,000－売上債権の増加500）＋利息及び配当金の受取額180
　　　　＝109,680

経常的支出＝経常的収入109,680－営業活動によるキャッシュ・フロー5,000＝104,680

$$経常収支比率 = \frac{経常的収入109,680}{経常的支出104,680} = 104.77\cdots\% \rightarrow 104.8\%$$

総まとめ問題

　Z株式会社（以下、「Z社」という。）は、販売業を営む上場会社である。Z社の販売形態は、主に受託販売取引を展開し、一部自社在庫を持ちながら販売する形態を採用している。

　また、〈資料1〉から〈資料3〉はZ社の有価証券報告書から抜粋、一部加工要約したX1年度～X3年度の連結財務諸表である。

〈資料1〉連結貸借対照表			（単位：百万円）
	×1年度	×2年度	×3年度
資産の部			
流動資産			
現金及び預金	22,068	24,571	21,560
売掛金	20,858	25,382	27,404
商品	1,177	2,194	5,887
その他	733	1,427	3,053
流動資産合計	44,836	53,574	57,904
固定資産			
有形固定資産	3,364	5,668	6,318
無形固定資産	1,075	3,222	3,112
投資その他の資産	6,445	8,254	11,627
固定資産合計	10,884	17,144	21,057
資産合計	55,720	70,718	78,961
負債の部			
流動負債			
買掛金	25	25	1,693
受託販売預り金	11,536	13,671	16,310
未払金	3,344	3,626	4,480
短期借入金	－	－	22,000
未払法人税等	5,757	6,479	3,674
引当金	1,126	1,268	1,830
その他	2,118	2,174	2,258
流動負債合計	23,906	27,243	52,245
固定負債			

退職給付に係る負債	1,251	1,566	1,730
資産除去債務	574	603	1,029
その他	120	495	1,300
固定負債合計	1,945	2,664	4,059
負債合計	25,851	29,907	56,304
純資産の部			
株主資本			
資本金	1,359	1,359	1,359
資本剰余金	1,328	1,328	1,328
利益剰余金	38,532	38,205	44,252
自己株式	△11,758	―	△24,410
株主資本合計	29,461	40,892	22,529
その他の包括利益累計額	△44	△81	17
非支配株主持分	452	―	―
新株予約権	―	―	111
純資産合計	29,869	40,811	22,657
負債純資産合計	55,720	70,718	78,961

〈資料2〉連結損益計算書　　　　　　　　　　　　　　　（単位：百万円）

	×1年度	×2年度	×3年度
売上高	76,393	98,432	118,405
売上原価	7,148	7,947	13,457
売上総利益	69,245	90,485	104,948
販売費及び一般管理費	42,961	57,816	79,294
営業利益	26,284	32,669	25,654
営業外収益			
業務支援料	―	―	90
リサイクル収入	20	32	59
その他	170	123	134
営業外収益合計	190	155	283
営業外費用			
支払利息	5	9	71
その他	27	75	149
営業外費用合計	32	84	220

	×1年度	×2年度	×3年度
経常利益	26,442	32,740	25,717
特別利益	585	4	178
特別損失	2,370	4,324	3,394
税金等調整前当期純利益	24,657	28,420	22,501
法人税等合計	7,622	8,264	6,516
当期純利益	17,035	20,156	15,985
非支配株主に帰属する当期純利益	305	—	—
親会社株主に帰属する当期純利益	16,730	20,156	15,985

〈資料3〉連結キャッシュ・フロー計算書

(単位：百万円)

	×1年度	×2年度	×3年度
営業活動によるキャッシュ・フロー			
税金等調整前当期純利益	24,657	28,420	22,501
減価償却費	843	989	1,534
減損損失	2,368	3,334	1,671
引当金の増減額（△は減少）	595	323	865
売上債権の増減額（△は増加）	△10,076	△4,473	△2,021
棚卸資産の増減額（△は増加）	△228	△1,205	△4,365
受託販売預り金の増減額（△は減少）	3,635	2,134	2,638
未払金の増減額（△は減少）	1,819	275	784
その他	1,268	△211	2,607
小計	24,881	29,586	26,214
利息及び配当金の受取額	0	0	0
利息の支払額	△4	△9	△80
法人税等の支払額	△6,583	△9,695	△11,327
営業活動によるキャッシュ・フロー	18,294	19,882	14,807
投資活動によるキャッシュ・フロー	△2,725	△8,219	△6,125
財務活動によるキャッシュ・フロー	△4,995	△9,215	△11,711
現金及び現金同等物による換算差額	82	△28	18
現金及び現金同等物の増減額	10,656	2,420	△3,011
現金及び現金同等物の期首残高	11,495	22,151	24,571
現金及び現金同等物の期末残高	22,151	24,571	21,560

【問1】 収益性の観点からの分析に関して、次の各問に答えなさい。

(1) 連結財務諸表をもとに、X2年度およびX3年度に関する以下の財務分析指標について解答例（例1売上高営業利益率、例2総資本営業利益率）にならって、「算式」欄には指標の名称の下に具体的な計算式を示し、「数値」欄の「X2年度」および「X3年度」にはそれぞれの計算結果を答えなさい。なお、計算にあたっては、次の指示に従うものとする。

　　・算式が連結損益計算書項目と連結貸借対照表項目との対比の場合は、連結貸借対照表項目は期首・期末の平均値を用いる。

　　・財務分析指標は小数点第3位を切り捨てて求める。

　　①　売上高当期純利益率

　　②　売上債権回転率

　　③　棚卸資産回転率

　　④　自己資本回転率

　　⑤　総資本回転率

　　⑥　ROE

(2) 以上の収益性の指標を参考にして、X2年度とX3年度を比較し、評価しなさい。（8行）

【問2】 安全性・流動性の観点からの分析に関して、次の各問に答えなさい。

(1) 連結財務諸表をもとに、X2年度とX3年度に関する以下の財務分析指標について解答例（例1当座比率、例2現預金回転月数）にならって、「算式」欄には指標の名称の下に具体的な計算式を示し、「数値」欄の「X2年度」および「X3年度」にはそれぞれの計算結果を答えなさい。なお、計算にあたっては、次の指示に従うものとする。

　　・算式が連結損益計算書項目と連結貸借対照表項目との対比の場合は、連結貸借対照表項目は期首・期末の平均値を用いる。

　　・財務分析指標は小数点第3位を切り捨てて求める。

　　①　流動比率

　　②　固定比率

　　③　固定長期適合率

　　④　自己資本比率

　　⑤　棚卸資産回転月数

　　⑥　売上債権回転月数

　　⑦　経常収支比率

(2) (1)で求めた指標にもとづいて、X2年度からX3年度にかけてのZ社の安全性・流動性について分析しなさい。(8行)

【問1】(1) 収益性の分析

	算　式	単位	数　値	
			X2年度	X3年度
例1	売上高営業利益率 $\dfrac{営業利益}{売上高}\times100$	%	33.18	21.66
例2	総資本営業利益率 $\dfrac{営業利益}{総資本（期首・期末の平均）}\times100$	%	51.67	34.27
①	売上高当期純利益率	%		
②	売上債権回転率	回		
③	棚卸資産回転率	回		
④	自己資本回転率	回		
⑤	総資本回転率	回		
⑥	ROE	%		

(2) 収益性の指標を参考にしたX2年度とX3年度の比較評価

【問2】(1) 安全性・流動性の分析

	算　式	単位	数　値 X2年度	数　値 X3年度
例1	当座比率 $\dfrac{当座資産}{流動負債} \times 100$ ※当座資産＝現預金＋受取手形及び売掛金＋一時所有の有価証券－貸倒引当金	％	183.36	93.71
例2	現預金回転月数 $\dfrac{現預金（期首・期末の平均）}{売上高 \div 12}$	月	2.84	2.33
①	流動比率	％		
②	固定比率	％		
③	固定長期適合率	％		
④	自己資本比率	％		
⑤	棚卸資産回転期間（月）	月		
⑥	売上債権回転期間（月）	月		
⑦	経常収支比率	％		

(2) 安全性・流動性の指標を参考にした X2年度と X3年度の比較評価

解答

【問1】(1) 収益性の分析

	算 式	単位	数 値 X2年度	数 値 X3年度
例1	売上高営業利益率 $\dfrac{\text{営業利益}}{\text{売上高}} \times 100$	％	33.18％	21.66％
例2	総資本営業利益率 $\dfrac{\text{営業利益}}{\text{総資本（期首・期末の平均）}} \times 100$	％	51.67％	34.27％
①	売上高当期純利益率 $\dfrac{\text{当期純利益}}{\text{売上高}} \times 100$	％	20.47	13.5
②	売上債権回転率 $\dfrac{\text{売上高}}{\text{売上債権（期首・期末の平均）}}$	回	4.25	4.48
③	棚卸資産回転率 $\dfrac{\text{売上高}}{\text{棚卸資産（期首・期末の平均）}}$	回	58.39	29.3
④	自己資本回転率 $\dfrac{\text{売上高}}{\text{自己資本（期首・期末の平均）}}$ ※自己資本＝「純資産合計」－非支配株主持分－新株予約権	回	2.80	3.73
⑤	総資本回転率 $\dfrac{\text{売上高}}{\text{総資本（期首・期末の平均）}}$	回	1.55	1.58
⑥	ＲＯＥ $\dfrac{\text{当期純利益}}{\text{自己資本（期首・期末の平均）}} \times 100$ ※自己資本＝「純資産合計」－非支配株主持分－新株予約権	％	57.40	50.46

棚卸資産回転率（別解）算式に売上原価を用いる場合→4.71：3.33

（解答にあたっての参考値）

	X1年度	X2年度	X3年度
自己資本（期末）	29,417	40,811	22,546
自己資本（期首・期末の平均）		35,114	31,679
総資産（期首・期末の平均）		63,219	74,839.5
売上債権（期首・期末の平均）		23,120	26,393
棚卸資産（期首・期末の平均）		1,685.5	4,040.5

(2) 収益性の指標を参考にしたX2年度とX3年度の比較評価

売上高はX3年度が大きいが、営業利益及び経常利益は、ともにX2年度が上回っており、増収減益の傾向となっている。自己資本に対する利益獲得割合を表す収益性の指標であるROEはX2年度からX3年度にかけ6.94ポイント低下している。ROEを自己資本回転率と売上高当期純利益率に分解すると、自己資本回転率はX3年度の方が高いものの、X3年度の売上高当期純利益率はX2年度と比較して大きく低下していることがわかる。その他、売上高営業利益率、棚卸資産回転率についてもともにX2年度からX3年度にかけて悪化した。売上債権回転率や総資本回転率等はX3年度の方が良化したが、総合的に収益性はX2年度の方が優位にあったと判断できる。

【問2】(1)　安全性・流動性の分析

	算　式	単位	数　値	
			X2年度	X3年度
例1	当座比率 $\dfrac{\text{当座資産}}{\text{流動負債}} \times 100$ ※当座資産＝現預金＋受取手形及び売掛金＋一時所有の有価証券－貸倒引当金	％	183.36	93.71
例2	現預金回転月数 $\dfrac{\text{現預金（期首・期末の平均）}}{\text{売上高}\div 12}$	月	2.84	2.33
①	流動比率 $\dfrac{\text{流動資産}}{\text{流動負債}} \times 100$	％	196.65	110.83
②	固定比率 $\dfrac{\text{固定資産＋繰延資産}}{\text{自己資本}} \times 100$	％	42.00	93.39
③	固定長期適合率 $\dfrac{\text{固定資産＋繰延資産}}{\text{純資産＋固定負債}} \times 100$	％	39.43	78.81
④	自己資本比率 $\dfrac{\text{自己資本}}{\text{総資本}} \times 100$	％	57.70	28.55
⑤	棚卸資産回転月数 棚卸資産（期首・期末の平均）／売上高÷12	月	0.20	0.40
⑥	売上債権回転月数 $\dfrac{\text{売上債権（期首・期末の平均）}}{\text{売上高}\div 12}$	月	2.81	2.67
⑦	経常収支比率 経常的収入÷経常的支出×100 ※経常的収入＝売上収入＋金融収入 ※経常的支出＝経常的収入－営業活動によるキャッシュ・フロー	％	126.83	114.57

⑵　安全性・流動性の指標を参考にしたX2年度とX3年度の比較評価

支払義務に対し、支払手段がどのくらいあるかを示す安全性・流動性について、短期的な支払能力を示す指標は、高い値が望ましく当座比率及び流動比率はX2年度からX3年度にかけて悪化した。また長期的な安定性を示す指標は、低い値が望ましく固定比率及び固定長期適合率もX2年度からX3年度にかけて悪化した。各資産の回転月数の他、資金繰りからみた安全性を示す指標である経常収支比率は、X2年度・X3年度に大きな差はなく、数値自体も良好な値を示している。以上から、短期的な流動性も長期的な安全性もX2年度からX3年度にかけて悪化したと判断できる。

【著者紹介】（執筆順）

【編集・執筆】

古田　清和　公認会計士、税理士

中安富紀子　公認会計士、税理士

【執　筆】

伊庭壮太郎　公認会計士

古田祐希子　公認会計士

弘中　良和　公認会計士

走出　広章　公認会計士、税理士

松田　雄祐　公認会計士

村田　智之　公認会計士、税理士

森本　泰輔　公認会計士

［ビジネスアカウンティング研究会］

ビジネスアカウンティング研究会とは、関西にゆかりのある、公認会計士等の職業専門家が、所属や世代をこえ、ビジネスや実務の研鑽を行っている勉強会である。

メンバーは約30名で、今回このうちの有志が執筆を行っている。

〈主要編著書〉

『ビジネス会計検定試験対策問題集2級（第5版）』2019年
『ビジネス会計検定試験対策問題集3級（第4版）』2020年
『社会福祉法人の運営と財務（第2版）』2017年
『経営者・財務経理担当者のための監査入門』2011年
『日商簿記1級 徹底対策ドリル［商業簿記・会計学編］』2010年
『日商簿記1級 徹底対策ドリル［工業簿記・原価計算編］』2010年
『テキスト連結会計入門』2010年
（いずれも同文舘出版より刊行）
『20歳になったら知っておきたい会計のはなし』TAC出版、2012年
『基礎からわかる管理会計の実務』商事法務、2009年

2011年10月5日　初　版　発　行
2021年1月5日　第2版発行　　　　略称：会計検定1級（2）

ビジネス会計検定試験®対策問題集〈1級〉
（第2版）

編　者　Ⓒ　ビジネスアカウンティング研究会

発行者　中　島　治　久

発行所　同 文 舘 出 版 株 式 会 社
東京都千代田区神田神保町1-41〒101-0051
電話 営業(03)3294-1801編集(03)3294-1803
http://www.dobunkan.co.jp

Printed in Japan 2021　　　　　　　　　製版：一企画
　　　　　　　　　　　　　　　印刷・製本：三美印刷

ISBN978-4-495-19682-0

本書とともに〈好評発売中〉

ビジネス会計検定試験®
対策問題集〈2級〉(第5版)

ビジネスアカウンティング研究会 [編]

A5判・224頁
定価（本体2,000円＋税）

ビジネス会計検定試験®
対策問題集〈3級〉(第4版)

ビジネスアカウンティング研究会 [編]

A5判・184頁
定価（本体1,800円＋税）